XAVIER DE MONTÉPIN

LES DRAMES DE L'ADULTÈRE

DEUXIÈME PARTIE

LA COMTESSE DE NANCEY

F. ROY, Libraire-Éditeur, rue Saint-Antoine, 185.

DEUXIÈME PARTIE

LA COMTESSE DE NANCEY

I

LA PREMIÈRE NUIT DES SECONDES NOCES.

Paul aurait voulu s'isoler dans ce qu'il appelait son bonheur ; mais Blanche avait exigé qu'un dîner d'apparat réunît à l'hôtel de la rue de Boulogne quelques-uns des plus intimes amis du comte.

Pendant ce repas, qu'elle présidait avec une aisance souveraine et qu'elle semblait prolonger à dessein malgré l'impatience manifeste de M. de Nancey, la nouvelle comtesse étonna ses convives par une gaieté nerveuse qui n'était ni dans sa nature ni dans ses habitudes. — On eût dit qu'elle cherchait à s'étourdir.

Cependant un peu après onze heures elle disparut, laissant son mari et ses hôtes libres de passer au fumoir, si tel était leur bon plaisir.

Paul, en la voyant s'éloigner, poussa un soupir de soulagement, et ses amis, comprenant qu'il avait hâte d'être seul, ou plutôt d'être deux, firent retraite de bonne grâce, non sans avoir accompagné leurs adieux de quelques plaisanteries un peu plus que gauloises.

— Enfin ! enfin ! — murmura le comte en s'élançant dans l'escalier dérobé qui conduisait à son appartement particulier, séparé par un couloir de celui de Blanche. — J'ai cru que cette soirée ne finirait pas !...

Aussitôt chez lui Paul fit sa toilette de nuit avec une rapidité fiévreuse. —

Jamais amant de vingt ans, époux depuis une heure, et qu'une vierge amoureuse attend dans la chambre nuptiale, n'eut plus de désirs dans le cœur et plus de laves dans les veines.

La Circé dont les yeux magiques le troublaient et le fascinaient, — la Mélusine dont les cheveux blonds l'enlaçaient de leurs cordes d'or dont le parfum lui donnait le vertige, — l'irrésistible enchanteresse qui depuis si longtemps se refusait à lui, allait donc enfin se donner tout entière, sans entraves, sans restrictions, sans remords, et resterait sa maîtresse adorée tout en étant sa femme légitime!

Paul, ému jusqu'au délire, agité jusqu'à la folie, se répétait ces choses en traversant le couloir au bout duquel se trouvait la porte du cabinet de toilette de la nouvelle comtesse.

Il voulut ouvrir cette porte...

A sa grande surprise, elle résista. — Les verrous intérieurs avaient été poussés.

Que signifiait cela? — Blanche devait l'attendre. — Elle savait bien qu'il allait venir. — Pourquoi donc cet obstacle imprévu, retardant de quelques minutes le moment pour lequel il aurait donné des années de sa vie?...

L'impatience du comte égala son étonnement, mais il ne s'y mêla d'abord ni soupçons ni colère. — Le hasard seul était sans doute coupable. — Vraisemblablement quelque femme de chambre maladroite avait poussé les verrous dans la journée; — la comtesse ignorait ce détail, et, tout naturellement, la porte restait close... — Rien de plus probable en somme, et, — pensa Paul, — rien de plus certain...

Il frappa doucement d'abord et, pendant une ou deux secondes, il attendit.

Aucun mouvement intérieur, aucun bruit, même le plus léger, ne vint lui faire comprendre qu'on l'avait entendu.

Il frappa plus fort, — puis très-fort. — Même immobilité, même silence.

Entre le couloir et la chambre à coucher il n'y avait que le cabinet de toilette. — Il était impossible que la jeune femme se fût endormie, et d'ailleurs le bruit de la main impatiente de Paul heurtant le panneau sonore aurait suffi pour interrompre le plus lourd sommeil.

Mais alors pourquoi donc s'obstinait-elle à ne pas répondre, à ne point ouvrir?

M. de Nancey approcha sa bouche de la serrure et à deux ou trois reprises il prononça le nom de *Blanche*, d'une voix de plus en plus accentuée et qui finit par être éclatante, car la colère le gagnait.

Il domina cependant cette irritation et, faisant sur lui-même un violent effort, il attendit de nouveau, en prêtant l'oreille.

Toujours, à l'intérieur, ce silence incompréhensible.

Alors une terreur folle s'empara du comte, et les suppositions les plus insensées se présentèrent à son esprit. — Dans la disposition d'esprit où il se trouvait, tout semblait possible, — même l'impossible...

— Si Blanche avait pris la fuite?... — se dit-il en frissonnant; — si la chambre était vide?

A peine ce soupçon terrible eût-il effleuré sa pensée qu'il ne chercha plus à se contenir, — il recula de deux ou trois pas, prit son élan, bondit, et son épaule heurta l'obstacle avec une impétuosité si grande qu'on entendit le bois gémir et craquer, les serrures se disjoindre, et que la porte fendue s'abattit à moitié, retenue seulement par un de ses gonds et laissant le passage libre...

Le flambeau que tenait M. de Nancey s'était échappé de sa main. — Il se trouva dans une obscurité profonde.

Mais au même instant un flot de lumière inonda le cabinet de toilette, et Blanche, pieds nus, serrant contre sa poitrine les plis d'un peignoir mal attaché, parut sur le seuil de la chambre.

Paul s'élança vers elle. — Dans son désordre elle était si belle que la colère du jeune homme s'évaporait déjà...

Blanche l'arrêta du geste.

— Quoi! — lui dit-elle d'un ton glacé et méprisant, — un tel scandale dans votre maison!... la nuit!... Et c'est vous! vous... un gentilhomme!... Ah! monsieur le comte!...

— Soyez juste... — balbutia M. de Nancey, — est-ce ma faute?... J'ai été violent, j'en conviens... Mais si vous m'aviez ouvert...

— Vous n'auriez point brisé cette porte, je le crois sans peine! — interrompit la jeune femme en haussant les épaules; — mais, puisque je ne vous ouvrais pas, vous deviez comprendre que je voulais rester seule et respecter ma volonté...

— Rester seule! cette nuit! — répéta Paul stupéfait et pouvant à peine croire à ce qu'il entendait. — Vous l'avez désiré? — Vous avez cru que j'y consentirais?

— Pourquoi non?

— Mais vous êtes ma femme... Vous m'appartenez... — s'écria M. de Nancey. — La loi de Dieu et la loi des hommes le veulent ainsi!... — Le mariage m'a donné des droits...

— Des droits dont vous n'userez pas sans mon consentement, je suppose, si vous êtes un galant homme! — interrompit Blanche. — Posséder une femme au nom de la loi, c'est là un triste privilège! — Je refuse de croire que le mariage ait fait de moi votre esclave ! — Je vous ai loyalement prévenu, d'ailleurs... — Si je porte aujourd'hui votre nom, c'est qu'il me fallait ce nom pour effacer l'injuste flétrissure que vous m'aviez infligée ! — J'interroge mon cœur qui vous a tant aimé, et ce cœur ne bat plus... — Monsieur le comte, je vous en prie, retirez-vous...

— Me retirer !... Vous ne l'espérez point !...

— Je l'espère et j'y compte...

— Blanche, c'est une épreuve, n'est-ce pas ? — reprit Paul en délire et trahissant par le désordre de son langage le désordre de sa pensée. — Vous me punissez de cette faute qu'au prix de tout mon sang je voudrais n'avoir point commise ? — Si vous pensiez ce que vous dites, la punition serait trop cruelle... — Vous savez bien que vous êtes tout pour moi... tout au monde !... Vous savez bien que je vous aime !... vous savez bien que je vous adore !...

Le jeune homme s'avança de nouveau vers la comtesse et essaya de la prendre dans ses bras. — Elle se dégagea brusquement et recula jusque dans l'intérieur de la chambre à coucher, où il la suivit.

— Pour la seconde fois, — murmura-t-elle, — je vous supplie de vous retirer...

— Blanche, je voudrais vous obéir, mais je n'en ai pas le courage... — Laissez-vous toucher par mes prières, par mes larmes... — Je ne parle plus de mes droits... — Oui, vous avez raison, les seuls sérieux, les seuls sacrés, les seuls que je reconnaisse et que j'ambitionne, sont ceux que je tiendrai de vous-même ! — Ne brisez point d'un mot toutes mes espérances... Ayez pitié d'un cœur qui n'appartient qu'à vous et d'un amour qui grandit encore !... Ne me chassez pas !... ne me chassez pas !...

En écoutant ces paroles incohérentes, ces supplications passionnées, la nouvelle comtesse cachait dans ses mains jointes sa figure inclinée.

Quand Paul eut achevé, elle releva la tête, écarta ses mains et permit de voir un visage sur lequel aucune émotion ne laissait sa trace.

— Soit ! — dit-elle d'une voix glaciale, — la loi me donne à vous... — Restez...

* *
*

Le jour allait bientôt paraître. — Un silence profond régnait dans la chambre éclairée faiblement par la lueur d'une veilleuse enfermée sous un globe d'albâtre. Blanche Lizely, comtesse de Nancey, enveloppée dans un long peignoir et assise auprès du lit, regardait d'un œil plein de haine son mari, pâle et fiévreux, dormant d'un sommeil agité.

Soudain Paul fit un mouvement brusque et se débattit comme pour se soustraire à quelque terrible vision. — Des sons rauques et inarticulés s'échappèrent de ses lèvres et enfin il prononça par deux fois, avec une expression de terreur, le nom de MARGUERITE...

Même lorsqu'elle n'a plus d'amour, la femme garde la jalousie. — Le diable le veut ainsi !...

Blanche saisit avec une force nerveuse le poignet de son mari et le secoua en s'écriant :

— Ainsi, près de moi, vous pensez à elle ! vous rêvez d'elle ! et vous dites que vous m'aimez !

Le comte, éveillé brusquement, ouvrit des yeux hagards et, dans le trouble de son esprit, confondant le cauchemar et la réalité, balbutia d'une voix étranglée :

— Ah ! cette morte... elle me parle... elle me touche !... Que de sang ! que de sang ! J'ai peur...

Ces paroles étranges et surtout l'accent du comte étaient si effrayants que Blanche à son tour fut émue.

— Qu'avez-vous vu ?... Que rêvez-vous donc ? — demanda-t-elle avec un frisson.

Paul la regarda ; il la reconnut, et, poussant un soupir de soulagement, il dit, comme se parlant à lui-même :

— Un rêve, oui... c'était un rêve...

— Quel rêve ? — répéta la comtesse. — Je veux savoir...

— Un rêve affreux... — Il y avait un corps entre nous... un corps sanglant... le cœur troué... un cadavre... le sien... comprends-tu ?

— Le rêve avait raison... — pensa Blanche, glacée jusque dans les moelles de ses os, jusque dans les profondeurs de son âme, — il y a le sang de Marguerite entre cet homme et moi... il y a ce crime qui, pour jamais, nous enchaîne et nous sépare à la fois...

II

LES VISITES DE NOCES

Cette première nuit des secondes noces était en quelque sorte le prologue de l'existence impossible réservée par Blanche Lizely à l'homme dont elle était devenue la femme.

Chaque jour le comte, dont une froideur sans cesse renaissante exaltait jusqu'au délire la passion inassouvie, voyait se renouveler des scènes presque pareilles à celle que nous venons de raconter. — Chaque jour il s'efforçait de fondre la glace et d'animer le marbre, et chaque jour il l'essayait en vain.

Cette torture sans nom, oubliée par Dante Alighieri dans les supplices de son Enfer, Paul la subissait en esclave, sinon résigné, du moins docile. — Il ne se décourageait point et, sachant que Blanche l'avait aimé, il comptait sur l'avenir et se disait que plus tard, sans doute, trouvant l'expiation suffisante, elle lui reviendrait tout entière, ardente et tendre comme autrefois... — Cette espérance lui donnait la force de tout accepter.

La nature féminine est essentiellement mobile et changeante. — C'est seulement dans les romans et dans les drames qu'on trouve des héroïnes tout d'une pièce dont l'inflexible caractère ne se dément jamais et qui poursuivent, jusqu'au bout du volume ou jusqu'au dénoûment de la pièce, sans faiblir et sans hésiter, leur œuvre de haine ou de vengeance.

Le temps efface bien des souvenirs, cicatrice bien des blessures, et, somme toute, il était dans l'ordre des choses possibles que les illusions du comte devinssent un jour des réalités.

Qui sait par exemple si la nouvelle comtesse, obtenant, grâce à son mari, ces satisfactions d'amour-propre, ces jouissances d'orgueil auxquelles elle attachait un

La marquise, un peu souffrante, n'a pu m'accompagner. (Page 8.)

grand prix, n'en arriverait pas, sinon à l'aimer de nouveau, du moins à ne plus le haïr?...

Nous l'avons dit dès le début de ce récit, — lorsque nous avons présenté pour la première fois à nos lecteurs la blonde maîtresse du chalet de Ville-d'Avray, — Blanche, fille du baron Lizely, tenait d'autant plus à devenir madame de Nancey, que le comte — (elle le croyait du moins) — pourrait ouvrir devant elle les portes du monde aristocratique, de ce monde dont sa situation en marge de la société semblait devoir l'exclure à tout jamais.

Huit jours après son mariage, la nouvelle comtesse étudia la liste des familles auxquelles des lettres de faire-part avaient été adressées, et elle dit à M. de Nancey qu'elle était prête à commencer les visites de noces qui devaient lui créer de nombreuses et aristocratiques relations.

Paul n'aimait pas le monde, — nous le savons, — et ces visites allaient être pour lui une insupportable corvée ; — il s'y soumit cependant, non-seulement de bonne grâce, mais encore avec un feint enthousiasme.

Qui sait si, le soir venu, Blanche ne le récompenserait pas de son empressement par une froideur un peu moins désespérante ?

Dès le lendemain la jeune femme, délicieusement belle et gracieuse dans sa toilette exquise, montait en voiture avec son mari, emportant toute une cargaison de cartes armoriées.

Il s'agissait de parcourir successivement le faubourg Saint-Germain, le faubourg Saint-Honoré, le quartier des Champs-Elysées et celui du parc Monceaux. — Plusieurs après-midi devaient être employées à ce *travail* mondain, surtout si le nombre de maîtresses de maison qu'on trouverait chez elles était considérable...

Mais tout d'abord il fut évident que ce nombre serait restreint. — On eût dit que ces dames s'étaient donné le mot pour n'être point chez elles. — Partout le valet de pied du comte, après avoir disparu pendant quelque secondes sous la voûte de la porte cochère, revenait en disant :

— Madame est sortie.

Et déposait des cartes cornées.

— Il fait beau, — murmura Paul avec un sourire un peu contraint, — tout le monde est au bois...

Blanche fronça le sourcil et ne répondit pas.

— C'est le jour de réception de la vieille duchesse de L..., dont je suis l'arrière-cousin, — reprit le comte au bout d'un instant, — nous sommes sûrs au moins de la trouver chez elle.

— Qui sait ? — répliqua Blanche. — Peut-être la duchesse, rompant avec ses habitudes, est-elle au bois... comme toutes ces dames...

Non, la duchesse n'était point au bois, et elle recevait.

Déjà dix ou douze voitures de maître se trouvaient en ligne dans la cour de son hôtel, l'un des plus vastes de la rue de Varennes.

Paul et sa femme mirent pied à terre sous la marquise vitrée qui protégeait les degrés du perron, — un grand valet de pied, en culotte courte et en habit à la française à galons armoriés, se tenait debout dans le vestibule. — Il ouvrit la porte d'un salon d'attente; un huissier vêtu de noir et à chaîne d'argent prit les noms des visiteurs et, ouvrant une seconde porte, annonça :

— M. le comte et madame la comtesse de Nancey...

Une quinzaine de femmes et cinq ou six hommes étaient réunis dans un salon immense, ayant une cheminée monumentale à chacune de ses extrémités.

Aussitôt après l'annonce de l'huissier il se fit un grand silence, et tous les regards se tournèrent vers les arrivants.

La duchesse, âgée de soixante-huit ou soixante-neuf ans à cette époque, avait été fort belle, et des vestiges de cette beauté se retrouvaient encore sur son visage pâle, encadré de cheveux blancs comme la neige. — Elle était grande et mince, très-droite malgré son âge et véritablement imposante.

Madame de Nancey, malgré son aplomb, malgré la confiance en elle-même résultant de la certitude de sa distinction, de son élégance et de sa grâce, se sentit un peu intimidée et presque émue.

La duchesse quitta son fauteuil, fit deux ou trois pas et attendit.

Le comte lui baisa respectueusement la main et lui présenta Blanche.

Madame de L..., sans embrasser la jeune femme qui, par le mariage, se trouvait devenue son alliée, — à un degré très-éloigné, il est vrai, — lui rendit froidement son salut, — lui désigna de la main un siége auprès du sien, — lui adressa d'un ton glacial quelque phrases banales d'une irréprochable politesse; puis, cessant de s'occuper d'elle, renoua avec les autres femmes de son cercle la conversation commencée auparavant et un instant interrompue.

Cette conversation devint presque aussitôt générale. — Paul et Blanche, seuls, n'y pouvaient prendre part, personne ne s'adressant à eux, et d'ailleurs les choses et les gens de qui l'on s'occupait d'une façon toute familière leur étant inconnus...

Il était impossible d'être plus complétement isolés au milieu de vingt personnes!...

Blanche ne paraissait point s'en apercevoir; mais elle en éprouvait une gêne inouïe et une souffrance poignante. — Les femmes la regardaient curieusement, à la dérobée, comme une *chose* qu'on est bien aise d'avoir vue, mais qu'on ne doit plus revoir. — Les yeux des hommes exprimaient l'admiration pour sa beauté souveraine; mais cette admiration, trop vive pour être bien respectueuse, était de celles qu'on accorde à une actrice, à une danseuse ou à une écuyère du Cirque...

Paul faisait semblant d'écouter ce qui se disait auprès de lui, — souriait vaguement et hors de propos, et se mordait les lèvres jusqu'au sang...

Au bout de dix minutes madame de Nancey se leva, salua la duchesse et prit congé, suivie de son mari.

La grande dame les reconduisit jusqu'au milieu du salon, — leur fit une révérence de la bonne école, avec cette même politesse irréprochable et glaciale dont nous avons parlé, — et leur tourna le dos.

A peine en voiture, Blanche, faisant sur elle-même un violent effort pour ne point laisser éclater sa colère, murmura d'une voix tremblante :

— C'est donc ainsi qu'on vous reçoit dans votre famille et qu'on accueille votre femme! — Je vous en fais mon compliment!

— Il ne faut point vous blesser des façons cérémonieuses de la duchesse, — balbutia Paul, qui voulait à tout prix conjurer l'orage menaçant. — C'est une femme d'une autre époque. — Elle se choque facilement quand on paraît manquer en quelque chose aux égards qui lui sont dus. — Or je l'ai singulièrement négligée, et depuis bien longtemps... — Elle m'en garde rancune et nous l'a fait sentir par ses manières un peu contraintes... mais vous verrez vous-même, lorsque vous la connaîtrez mieux...

— J'ai vu cette duchesse aujourd'hui pour la première et dernière fois de ma vie! — interrompit Blanche violemment. — Je ne remettrai plus les pieds chez elle!... — Oh! non, par exemple, jamais!

— Cependant...—hasarda le comte.

— Jamais, jamais! — répéta madame de Nancey, — et tenez pour certain, monsieur, que, lorsqu'elle me rendra ma visite, la consigne sera donnée et je ne serai point chez moi...

Paul secoua la tête sans rien dire.

Il commençait à croire que Blanche n'aurait, hélas! aucun besoin de donner cette consigne, et que la voiture de la duchesse ne s'arrêterait pas de sitôt devant l'hôtel de la rue de Boulogne...

La tournée continua... — Le valet de pied fit son office en déposant des cartes cornées dans les loges de concierge des plus aristocratiques maisons de Paris... — Toutes ces dames étaient sorties!...

Au bout de trois jours la liste fut épuisée, et madame de Nancey resta chez elle, attendant les visiteuses...

Ces visiteuses ne parurent point et se firent représenter par une pluie de cartes *non cornées*, apportées sous enveloppe par des nuées de valets aux livrées multicolores...

La déception était cruelle... l'insolence manifeste. Blanche en frissonnait de colère.

III

LE CONCERT.

La nouvelle comtesse de Nancey ne se tint pas cependant pour battue. — Elle se persuada que par l'attrait des plaisirs mondains elle forcerait à venir à elle ces femmes impertinentes et dédaigneuses, et elle résolut de donner une fête dont la splendeur étonnerait Paris.

Serait-ce un bal ? — Serait-ce un concert ?

Elle se décida pour un concert.

Le programme rédigé fut splendide. — Il comprenait le nom de tous ces artistes illustres dont la renommée se paye si cher que chaque note échappée de leur gosier représente un billet de banque. — Adelina Patti devait chanter. C'est tout dire.

Les princes de sang royal, les princes de la finance, ou les princes du journalisme, pouvaient seuls se permettre une pareille réunion de célébrités.

Certaine de fixer ainsi du premier coup l'attention sur elle et de classer sa maison parmi celles dont les réceptions font événement, Blanche lança ses invitations.

Un souper,—ou plutôt quatre soupers, devaient suivre le concert,—et les invités, divisés en quatre séries, prendraient place successivement à des tables servies avec une incomparable magnificence.

Il suffira d'un tout petit détail, croyons-nous, pour donner une idée du luxe prodigué par madame de Nancey.

Le mémoire des fleurs rares qui garnissaient les salons, les escaliers et le vestibule, atteignit le chiffre de quinze mille francs, — et ce chiffre n'avait rien d'exagéré.

Blanche s'était promis d'être, ce soir-là, plus belle encore que de coutume. Elle se tint parole. — Sa toilette, d'une adorable simplicité, consistait en une robe de crêpe de Chine d'un bleu pâle, décolletée audacieusement, dont le corsage n'était retenu que par de minces épaulettes qui paraissaient toujours au moment de glisser, — et qui cependant ne glissaient pas.

Autour du cou, — tranchant sur la blancheur éclatante de la peau, — un ruban de velours noir auquel un gros diamant servait d'agrafe.

A chacun des poignets un cercle d'émail noir, constellé de trois diamants.

Dans les nattes des cheveux blonds, du côté gauche, un nœud de rubans bleus ayant un diamant au centre. — Deux longs rubans de la même nuance descendaient plus bas que la taille et caressaient les épaules nues.

Blanche ainsi vêtue, — la pâleur faiblement rosée de son teint mat mise en valeur par ces tons d'azur délicat qui semblent faits exprès pour encadrer les blondes, — était si séduisante que le comte en le voyant tressaillit, frissonna, et sentit un flot de sang chaud monter de son cœur à ses joues...

Jamais l'électricité amoureuse qui rayonnait autour de la sirène ne s'était dégagée plus violemment, et n'avait agi sur les sens de Paul avec plus de puissance.

L'enchanteresse n'était point pour lui la comtesse de Nancey, — elle était toujours et plus que jamais Blanche Lizely ! — L'épouse légitime n'existait pas...—La maîtresse adorée avec frénésie, désirée avec rage, restait seule...

Il s'approcha de la jeune femme qui jetait un dernier coup d'œil sur les salons illuminés déjà presque complétement; — deux valets achevaient d'allumer les bougies des candélabres et des lustres.

— Que dites-vous de la façon dont j'ai tout ordonné? — lui demanda Blanche. — Il me semble que c'est réussi...

— Tout est bien, tout est parfait... — répliqua le comte. — Partout se voit l'empreinte de votre goût si pur... — Mais ces magnificences, je l'avoue, me laissent indifférent... — il y a ici une merveille près de laquelle toutes les autres pâlissent, s'effacent et disparaissent... — C'est vous!...

En une autre occasion Blanche aurait accueilli ce madrigal par un froncement de sourcils dédaigneux; mais, ce soir-là, elle voulait plaire à tout le monde et, dans sa fièvre de coquetterie, elle consentait même à plaire à son mari.

— Ainsi, vous me trouvez en beauté? — murmura-t-elle avec un demi-sourire, en jouant de l'éventail et en se regardant de trois quarts dans une grande glace qui lui faisait face.

M. de Nancey lui prit la main, qu'elle ne retira pas.

— Vous êtes belle à fondre les cœurs... belle à damner les âmes!... — répon-

dit-il avec passion. — Et quand je pense que tu es à moi, tiens, vois-tu, je deviens
fou!!!

Encouragé par le sourire qui n'avait point quitté les lèvres de madame de Nancey, Paul essaya de la prendre dans ses bras et d'appuyer ses lèvres sur l'or pâle
de sa chevelure.

Blanche le repoussa vivement.

— Oui, en vérité, vous êtes fou! — répliqua-t-elle d'une voix sèche et dure, —
ne voyez-vous pas que vos gens sont là?

— Vous êtes cruelle!... — balbutia Paul.

— Cruelle, parce qu'il ne me plaît point de donner à des valets le spectacle de
vos pastorales! — répondit la jeune femme d'un ton moqueur. — Eh bien! soit!
— Mieux vaut la cruauté que le ridicule! — J'accepte le premier rôle et je vous
laisse le second...

M. de Nancey baissa la tête et s'éloigna silencieusement. — Nous ne demandons
point qu'on le plaigne, car il ne méritait pas de pitié, mais sa souffrance était
poignante. — Ces coups d'épingle continuels équivalaient pour lui à des coups de
couteau...

Tous les apprêts étaient terminés.

Les roues d'une voiture firent résonner les pavés de la cour, et l'huissier chargé
d'annoncer lança dans les salons un nom retentissant, celui du marquis de P...

— Il est seul! — murmura madame de Nancey en allant à sa rencontre avec Paul.
— Pourquoi seul?

— La marquise, un peu souffrante, n'a pu m'accompagner... — dit M. de P...
en baisant la main de Blanche. — Plaignez-la, madame la comtesse... Elle va perdre les plaisirs d'une soirée qui fera certainement époque dans les fastes de la haute
vie... — Plaignez-la!... plaignez-la!...

Les sourcils noirs de madame de Nancey se contractèrent; — mais en somme
il était possible que la marquise fût souffrante... — Pourquoi pas? — Aucune
marquise n'est à l'abri d'une migraine ou d'un rhume...

Hélas! — il faut croire qu'une malfaisante épidémie sévissait ce jour-là sur les
plus aristocratiques quartiers de Paris et frappait spécialement les femmes.

Les habits noirs affluèrent bientôt dans les salons, mais rien que des habits noirs!
— Pas une jupe!

Les invités, en saluant madame de Nancey, avaient tous sur les lèvres la même
phrase d'excuses, banale et stéréotypée. — Comtesses, vicomtesses et baronnes
étaient retenues au logis — par ordonnance du médecin!...

Deux cents habits noirs, environ, respirèrent le parfum des fleurs, s'enivrèrent d'harmonie, applaudirent la divine Patti, — et mangèrent les quatre soupers.

Blanche frémissait d'une colère qu'elle ne parvenait qu'à grand'peine à dissimuler, malgré tout son empire sur elle-même.

— C'est donc une conspiration ! — se disait-elle tout bas en froissant dans ses mains crispées son mouchoir de dentelles.

— Oui, c'était une conspiration.

Une barrière infranchissable existait entre la nouvelle comtesse de Nancey et ce monde patricien vers lequel la poussaient ses aspirations.

Après le retentissement terrible du drame de la rue Vintimille, — après le tapage du procès de Paul, — après l'acquittement triomphal, — le public appartenant à toutes les *couches sociales* s'était occupé du comte avec une curiosité passionnée, et non-seulement de lui, mais encore de tout ce qui, de près ou de loin, touchait à son passé.

Une enquête, approfondie malgré sa frivolité apparente, — comme le monde sait si bien les faire, — avait eu lieu relativement à Blanche Lizely.

Les renseignements, on le comprend, devaient affluer. — Nombre de gens n'ignoraient point la longue liaison de la jeune femme avec un pair d'Angleterre. On apprit que pour elle le vieillard s'était, sinon judiciairement, du moins scandaleusement séparé de sa femme.

On ne mit pas en doute que mademoiselle Lizély eût été la maîtresse de Paul, sous les yeux mêmes de la première comtesse, et dans sa maison. — L'attitude de Blanche aux fêtes du petit château de Ville-d'Avray l'avait démontré jusqu'à l'évidence.

Alors on plaignit Marguerite...

On la croyait coupable, il est vrai, — mais personne ne mettait en doute que la trahison du comte, l'adultère effrontément installé par lui au foyer conjugal, eussent jeté la malheureuse enfant dans les bras de René de Nangis, — triste amour né dans les larmes et dénoué par les balles d'un revolver...

Enfin on trouva que M. de Nancey avait outragé toutes les convenances en épousant trop vite celle qui avait été, sinon la complice, au moins la cause première d'un si funeste événement.

De là, contre le comte, une réaction complète ; — de là cette décision prise par les femmes du monde de fermer impitoyablement leurs maisons à l'intrigante qu'un galant homme n'aurait jamais admise à l'honneur de porter son nom, et qu'il était impossible de recevoir sans un manque absolu de dignité.

La loge de Blanche devenait le rendez-vous de ses fidèles. (Page 26.)

Les maris ne combattirent point la résolution de leurs femmes, mais l'éclatante beauté de Blanche plaidait en sa faveur auprès d'eux. — Ils résolurent de rester dans les meilleurs termes avec Paul, d'accepter ses invitations, de faire la cour à la nouvelle comtesse, et, si son avenir devait ressembler à son passé, de profiter de ses galantes faiblesses le plus et le mieux qu'ils pourraient...

Voilà pourquoi nous avons vu tant d'habits noirs et pas une jupe au concert de la rue de Boulogne.

IV

LE SALON DE LA COMTESSE.

Ni le tact, ni l'esprit ne manquaient à Blanche. — Elle comprenait à demi-mot et devinait ce qui n'était pas dit.

Au moment des visites de noces elle avait, nous le savons, essayé de s'illusionner. — Elle avait fait effort pour se persuader que le hasard seul prenait parti contre elle, et que toutes ces portes fermées ne l'étaient point volontairement.

Après la soirée du concert, le doute cessait d'être possible.

Blanche bannit toute illusion. — Elle envisagea, sinon froidement, du moins carrément les choses telles qu'elles étaient...

Le monde féminin la mettait à l'index. — On la traitait en brebis galeuse, et le comte de Nancey, son mari, — cet homme en qui, jadis, elle avait placé toute son espérance, — n'avait ni le pouvoir de l'imposer, ni la force de la faire respecter !...

Dieu sait quel ouragan de colère folle contre le monde, de mépris haineux contre Paul, s'éleva dans cette âme ulcérée.

Ainsi donc, toute sa vie, le passé la poursuivrait ! Jusqu'à son dernier souffle elle succomberait sous ce double rocher de Sisyphe : le crime du pair d'Angleterre au manoir de Douglas-Park, la trahison du comte de Nancey au chalet de Ville-d'Avray ! — Deux infamies dont elle avait été la victime et non la complice ! — Elle oubliait son crime à elle... — les larmes de Marguerite outragée, — la mort de Marguerite innocente !

Lorsque le dernier des invités fut parti, M. de Nancey éprouva une véritable terreur. — Il s'attendait à une scène effrayante où Blanche l'écraserait sous l'explosion de ses reproches.

Il n'en fut point ainsi. — La jeune femme, sans lui adresser la parole, regagna son appartement où elle s'enferma, et dont cette fois, — mes lecteurs n'auront pas de peine à le croire, — il ne chercha point à forcer l'entrée.

Quand Blanche descendit le lendemain, — à une heure avancée de l'après-midi, — la pâleur de son visage témoignait seule des poignantes déceptions de la nuit précédente.

Son parti était pris. — Convaincue qu'il n'existait plus pour elle de bonheur possible, elle n'acceptait pas l'ennui et ne renonçait point au plaisir. — Elle avait résolu de s'étourdir et, ne pouvant se faire une existence heureuse, de se faire au moins une vie bruyante et mouvementée.

— Monsieur le comte, causons un peu, s'il vous plaît, — dit-elle à Paul inquiet de ce début, mais à demi rassuré cependant par le ton très-calme de la comtesse.

— Causons, — répliqua-t-il vivement. — Vous savez bien que ma plus grande joie, chère Blanche, est de vous entendre...

— Une autre à ma place, — reprit madame de Nancey, — vous parlerait sans doute avec amertume des humiliations que j'ai subies pendant cette fête, et dont en somme vous avez eu, vous, mon mari, la plus large part. — Oh! ne m'interrompez pas!... — C'est un fait accompli, et d'ailleurs vous n'y pouvez rien. — Votre intention, je suppose, n'a jamais été de vous battre avec les maris de toutes les femmes qui croiraient se compromettre en mettant les pieds chez vous! — Le monde nous traite en parias... — Notre hôtel, paraît-il, est un lieu suspect... — Pourquoi? Je l'ignore, et vous devez le savoir mieux que moi! — Je constate le fait sans l'approfondir. — Dans la situation qui nous est faite, il y a deux partis à prendre : accepter humblement l'arrêt qui nous frappe, ou le braver ouvertement. — Je choisis le second.

Paul écoutait Blanche sans comprendre où elle en voulait venir. — Elle sourit d'un air ironique en voyant l'expression d'étonnement qui se peignait sur son visage, et elle reprit :

— Vous m'avez dit souvent que mes moindres désirs étaient des lois pour vous...

— Certes, je l'ai dit! — s'écria Paul, — et vous savez à quel point c'est vrai...

— Eh bien! prouvez-le donc!

— Comment?... que faut-il faire?... je suis prêt...

— Ces femmes qui ne trouvent pas que la comtesse de Nancey, fille du baron Lizely, soit d'assez bonne maison pour être des leurs, reçoivent, et l'on s'ennuie chez elles où tout est prétentieux, solennel et gourmé! — Je veux élever autel contre autel. — Je veux recevoir aussi, moi... — Je prétends que mon salon soit le plus amusant, le plus brillant, le plus recherché de Paris, et que les maris, les frères et les fils de ces impertinentes, sollicitent comme une précieuse faveur le droit d'avoir ici leurs entrées! — M'approuvez-vous?...

— Assurément...

— M'aiderez-vous?

— De tout mon pouvoir...

— Le salon que je rêve, — poursuivit la comtesse, — doit être une sorte de caravansérail élégant où toutes les illustrations puissent se donner rendez-vous et soient certaines de se rencontrer. — L'élément purement mondain a le droit de ne s'y trouver qu'en minorité... —Je fais médiocrement cas des gens dont tout le mérite est dans leur blason...—Ce que je veux attirer chez moi, c'est l'élite du monde intelligent, c'est la fleur de l'esprit parisien, ce sont les artistes, les écrivains...

— Les académiciens? — dit Paul.

— Eh! qui songe à l'Académie? — répliqua Blanche avec un sourire moqueur, — je vous parle de ce qui vit, de ce qui produit, de ce qui cherche et trouve le succès et la célébrité!... — Qu'on sache que le sculpteur ou le peintre dont on admire à l'exposition des Beaux-Arts le tableau ou la statue, l'auteur du drame acclamé, de l'opérette en vogue, du roman qui passionne les lecteurs, seront ce soir chez la comtesse de Nancey, et vous verrez l'effet! — Supposez que mon salon puisse réunir un jour Dumas fils et Léon Gérôme, Offenbach et Sardou, Paul Féval et Barrière, et croyez-vous que le lendemain il serait à la mode?...

— Sans aucun doute... — murmura Paul avec embarras; — mais je connais peu les célébrités... — J'ai vécu jusqu'à présent dans un monde...

— Dans celui des demoiselles à chignons rouges et des maquignons, je le sais bien!... — interrompit la comtesse avec impatience. — Mais enfin il est impossible que parmi vos nombreux amis aucun n'ait quelques relations dans le monde artistique et littéraire...

— Oui... oui... c'est vrai! — dit vivement Paul, entrevoyant avec joie la possibilité d'être agréable à Blanche et mériter sa gratitude. — Il y a d'abord Robert de Lorey, qui fait de la peinture... — Il avait à l'Exposition, il y a deux ans, un petit tableau très-joli... — Il passe sa vie dans les ateliers... — Je me souviens même qu'il m'a conduit de force, un jour, chez un gros homme à barbe pointue qui s'intitule *maître peintre* et qui fabrique des femmes nues malpropres, des curés en goguette et des casseurs de pierres effroyables... — Blanche, je vous en prie, n'invitez pas celui-là!... il allumerait sa pipe ici et demanderait un bock... Je parie d'ailleurs qu'il n'a point d'habit...

— Soyez tranquille, je choisirai...

— Il y a ensuite, — reprit Paul, — le vicomte Guy de Crancé... — Il a publié un volume, je ne sais plus sur quoi... — Le *Figaro* en a parlé... sans en faire l'éloge... — Il connaît tous les gens connus... — Arsène Houssaye l'invite à ses merveilleuses fêtes dont Paris entier s'occupe...

— Voyez donc aujourd'hui M. de Lorey et M. de Crancé, et amenez-les dîner le plus tôt possible, je m'entendrai moi-même avec eux...

Le comte obéit passivement, ainsi qu'il en avait l'habitude. — Le lendemain, le peintre et l'écrivain amateurs s'asseyaient à la table de Blanche. — La jeune femme ne se dissimulait point qu'ils devaient avoir une médiocre influence dans le monde artistique et dans le monde littéraire; mais enfin ils n'y étaient point étrangers, et cela suffirait peut-être.

Madame de Nancey fit part à ces messieurs de son intention d'ouvrir sa maison une fois par semaine, et leur exprima son désir d'attirer chez elle les célébrités parisiennes.

Ils promirent de déployer un zèle prodigieux pour satisfaire la jeune femme, et ils tinrent parole. Le jeudi suivant,—jour fixé pour la première réception,—chacun d'eux présenta à la comtesse un certain nombre d'étoiles de moyenne grandeur, — nébuleuses pour la plupart, mais enfin c'étaient des étoiles. — Il faut un commencement à tout.

Blanche déploya ses plus irrésistibles séductions pour faire la conquête des nouveaux venus. — Elle y réussit pleinement. — Après une soirée que la musique et la causerie remplirent et qui fut terminée par un souper, les invités se retirèrent, vers les deux heures du matin, absolument sous le charme. — La beauté, la grâce et l'esprit de madame de Nancey les avaient grisés, sans compter qu'elle savait être *bon enfant* à l'occasion mieux que personne.

Le lendemain ils parlaient de l'hôtel de la rue de Boulogne avec un si vif enthousiasme que diverses étoiles, — d'un ordre supérieur, cette fois, — sollicitèrent l'honneur d'être présentées.

Bref, au bout d'un mois le désir de Blanche se trouvait réalisé complètement. — Son salon, dont les illustrations de bon aloi savaient le chemin, était en passe de devenir un salon célèbre. — La littérature, les arts, l'aristocratie, la finance et la politique s'y coudoyaient familièrement. — C'était vivant, point cérémonieux, spirituel et vraiment gai.

La maîtresse du logis animait tout de ses sourires magnétiques, de ses vives et fines réparties, et donnait le *la* des causeries les plus éblouissantes.

Une réaction se faisait en faveur de Blanche. — Les familiers de ses *jeudis* devenaient ses chauds partisans et prenaient sa défense en mainte occasion.

— Pourquoi donc a-t-on dit tant de mal de cette jolie comtesse ? — répétaient-ils. — Elle est adorable!

On voit que tout était pour le mieux.

Malheureusement, et par la force des choses, les aimables réceptions de la rue de Boulogne n'allaient pas tarder à dégénérer...

V

LA VIE INDÉPENDANTE.

L'élément artistique, nous l'avons dit, dominait aux soirées de la comtesse de Nancey.

Or, les artistes, habitués à la vie indépendante, apportent partout avec eux un certain sans-gêne — (même quand ils sont gens bien élevés, ce qui n'est pas rare), — et l'originalité de leur nature s'accommode mal de l'étiquette des maisons *collet-monté.*

Le salon de la rue de Boulogne se fit remarquer bientôt par la liberté d'allures de ses hôtes les plus assidus, — liberté qui cependant ne dépassait point encore certaines bornes infranchissables dans la bonne compagnie, — et Blanche prenait un extrême plaisir à ces pittoresques excentricités de langage qui constituent la *langue verte* des ateliers parisiens.

Au bout de très-peu de temps la comtesse comprenait à demi-mot les intraduisibles finesses de l'argot littéraire, et ne s'étonnait pas plus d'entendre prononcer une phrase de *javanais* que de rencontrer une citation latine dans le discours d'un académicien.

Ceci d'ailleurs eût été sans grande importance, mais des faits d'un caractère bien autrement grave ne tardèrent point à se produire. — D'abord un certain nombre de ces intrigants de bonne mine et de mœurs élégantes, qu'on est certain de rencontrer partout où l'on s'amuse, trouvèrent moyen d'arriver chez madame de Nancey et furent bien accueillis par elle. Ensuite elle n'eut point la force de résister aux sollicitations de ses nouveaux amis qui demandaient à lui présenter quelques femmes du *meilleur monde, charmantes*, — disaient-ils, — et tout à fait dignes de contribuer à la haute renommée de son salon.

Blanche s'étonna bien un peu de la démarche faite auprès d'elle au nom de ces dames — (très-authentiquement tirées pour la plupart), — après la manière dont ses avances avaient été accueillies par le monde aristocratique, — et elle le dit.

Ses objections furent battues en brèche par des réponses victorieuses. — On lui démontra d'une façon péremptoire que la marquise d'A..., la comtesse de B..., la vicomtesse de C..., la baronne de D..., etc., méritaient son intérêt le plus vif, et que si quelques méchants bruits avaient couru sur elles, ces bruits étaient calomnieux au premier chef et ne pouvaient être pris en considération par une personne intelligente, sachant distinguer le vrai du faux.

Blanche céda. — Les souvenirs de sa propre existence la disposaient à voir dans chaque accusée une victime, et d'ailleurs elle trouvait une sorte d'âpre volupté à braver le monde patricien en ouvrant ses portes à celles devant qui ce monde injuste fermait dédaigneusement les siennes.

Bref, l'élément féminin fut introduit aux soirées de la rue de Boulogne.

Ces femmes, jeunes, jolies, bien élevées, séduisantes par leur élégance et par leur esprit, n'étaient point des *baronnes d'Ange*. — Elles portaient des noms sérieux... Elles avaient de vrais maris, et passaient pour posséder des terres au soleil ou des coupons de rentes en portefeuille...

Seulement — (il y a un *seulement*, comme dans les *Faux Bonshommes*), — leurs maris ne vivaient plus avec elles, et personne n'aurait pu préciser l'origine et le chiffre des revenus qui leur permettaient de renouveler sans cesse leurs toilettes du bon faiseur, leurs voitures du carrossier à la mode, et leurs chevaux de David Meyer.

Bref, c'étaient des *déclassées*...

A partir du jour où la comtesse les reçut, son salon changea complétement de physionomie. — Il prit une allure galante, inévitable quand la maîtresse de la maison a fait parler d'elle, et quand elle a pour amies des femmes mariées dont on ne voit point les maris...

On improvisa de petites sauteries au piano. — On trouva très-drôle, certain soir, de faire bisser un quadrille où quelques jeunes gens donnèrent un échantillon tout à fait réussi de la danse ultra-fantaisiste des *Clodoches*, fort à la mode à cette époque.

Ce n'est pas tout encore. — Un autre soir, un familier du logis proposa de tailler un petit *bac de santé*. — Cette proposition fut accueillie avec grande faveur, et les cartes eurent désormais droit de cité dans l'hôtel de la rue de Boulogne.

Nos lecteurs sont presque tous au fait des petits mystères de la vie parisienne, et, sans qu'il soit besoin d'entrer dans de plus longs détails, ils comprennent que le salon de Blanche, livré au baccarat et au chemin-de-fer, et meublé de séductions féminines, devint fatalement un tripot de *high-life*, différent des autres tripots par cela seulement qu'on n'y connaissait pas la *cagnotte*, et que le vin de champagne frappé, des grandes marques, prodigué libéralement, y remplaçait les bières frelatées et les douteuses limonades, parcimonieusement servies.

Il faut bien ajouter que les quelques chevaliers d'industrie dont nous avons constaté la présence y pêchaient en eau trouble, et qu'on trichait chez la comtesse comme chez la Barucci, quoique avec plus de discrétion.

Nous n'étonnerons personne en constatant que bon nombre des hommes qui, chaque jeudi, venaient passer la soirée et une partie de la nuit rue de Boulogne, faisaient à Blanche une cour assidue, infiniment peu respectueuse.

Madame de Nancey semblait d'ailleurs prendre médiocrement au sérieux les déclarations incandescentes dont la bombardaient ses adorateurs, mais elle ne s'en formalisait point. — Elle n'accueillait qui que ce soit avec une préférence marquée; mais, sa coquetterie, aussi bien que sa vanité, trouvant son compte à ces manifestations amoureuses, elle avait pour tout le monde de gracieuses paroles et des sourires encourageants.

Quelle était l'attitude de M. de Nancey dans ce milieu bizarre où presque tous ses hôtes faisaient ouvertement profession d'être épris de sa femme? — Comment s'arrangeait-il de ce rôle impossible que la volonté de Blanche lui imposait?

Hélas! le malheureux subissait sa situation comme on subit ce qui est inévitable! — Il jouait avec une sourde colère, avec une rage concentrée, ce personnage dont il comprenait bien l'odieux et le ridicule. Il tentait de se révolter, mais ses révoltes étaient impuissantes.

Tout se paye ici-bas... — Dieu est juste! — Le comte souffrait à son tour ce qu'autrefois la douce Marguerite avait souffert pendant ces fêtes du petit château de Montmorency dont sa rivale était l'héroïne et la reine. — Paul de Nancey pas-

Trois minutes après, la comtesse de Nancey, étant applaudie à tout rompre... (Page 31.)

sait inaperçu à son tour, ou plutôt dédaigné, dans sa propre maison. — Les invités de sa femme l'honoraient à peine d'une poignée de main banale et d'un : — *Bonjour, cher!* — murmuré du bout des lèvres, et ne s'occupaient plus de lui...

Le comte, dont la jalousie, faute de pouvoir s'arrêter sur quelqu'un, s'égarait au hasard, se sentait trop faible pour mettre fin énergiquement à un état de choses qui lui meurtrissait le cœur et lui brisait les nerfs.

Cette étrange sensation d'épouvante constatée par nous déjà, et se mêlant à sa passion, grandissait de plus en plus. — Blanche lui faisait peur...

Un jour, il s'était permis de se plaindre. — Elle l'avait écrasé de ses railleries. — Il avait essayé de menacer. — Elle s'était éloignée en haussant ironiquement les épaules, et sans même daigner lui répondre.

— Ah ! — se dit Paul resté seul, en se labourant la poitrine avec ses ongles, — ah ! j'en deviendrai fou !

Et ceci ne devait point passer pour une parole vaine... — Le comte de Nancey était bien véritablement sur le chemin qui mène à la folie...

Non contente de trôner une fois chaque semaine dans son salon, la comtesse, cherchant, nous le savons, l'oubli dans le plaisir, dans le mouvement et dans le bruit, et voulant s'étourdir sans cesse, avait pris peu à peu des habitudes de si complète indépendance que plus d'une, de ces libres viveuses qui n'ont point de maris à ménager aurait pu les lui envier.

Elle sortait à toute heure, sans jamais prévenir le comte au moment de quitter l'hôtel.

Chaque fois que le temps le permettait, elle montait à cheval et passait deux ou trois heures au bois de Boulogne, où les plus fervents de ses *attentifs* l'attendaient pour lui servir de gardes du corps.

Le monde élégant, qui fréquente à certaines heures la rive gauche du lac, avait surnommé cette escorte quotidienne : l'*escadron volant de la comtesse*.

Trois ou quatre fois par semaine Blanche allait au spectacle, et M. de Nancey était obligé de questionner ses gens s'il voulait savoir à quel théâtre se trouvait sa femme.

La loge de Blanche devenait alors un lieu de rendez-vous pour ses fidèles. Ils s'y succédaient, comme dans l'avant-scène d'une femme galante, débitant leurs calembredaines, se penchant, lorgnant dans la salle, parlant très-fort, riant tout haut, faisant enfin assez de bruit pour troubler les acteurs et pour se faire rappeler à l'ordre par le bon public qui veut entendre.

La comtesse trouvait cela fort gai, et acceptait sans le moindre scrupule des fleurs et des bonbons.

Un soir il se passa une chose à tel point excentrique, et violant si brutalement les convenances, que nous hésiterions à la raconter, comme invraisemblable, si elle n'était de tout point vraie. — La voici.

Au mois de juillet, un samedi, madame de Nancey occupait aux Variétés une avant-scène du premier étage.

Trois *cocodès* de la plus haute futaie — (on dirait aujourd'hui trois gommeux), — étalaient derrière elle leurs coiffures à la Capoul et leurs gilets à un seul bouton.

— Le reste des cavaliers de l'escadron volant se trouvait disséminé aux fauteuils d'orchestre.

On jouait une pièce en trois actes. — Le second se passait dans je ne sais quel bal public. — Des danses de haut goût servaient d'illustrations au dialogue.

— C'est infect! — dit tout à coup l'un des jeunes gens, assez haut pour être entendu dans la salle. — Pas forts, les auteurs! — La Closerie des Lilas est plus drôle que ça!... Parole!... A Chaillot, les auteurs!...

VI

LA CLOSERIE DES LILAS.

Madame de Nancey tourna la tête à demi vers le jeune homme qui venait de parler, et qui se nommait le baron d'Alban.

— Est-ce que c'est vraiment bien drôle, cette Closerie? — demanda-t-elle.

— Epatant, comtesse, tout simplement! — Comment! vous ne connaissez pas ça?...

— Vous me faites là, savez-vous, baron, une question bien saugrenue! — répliqua Blanche avec un sourire. — Est-ce que vous croyez que j'ai l'habitude d'aller dans des endroits pareils? — Je ne connais ni Mabille, ni la Closerie des Lilas, et je serais fort curieuse cependant, je l'avoue, de voir par mes yeux ce qui s'y passe...

— Eh bien! mais, c'est simple comme bonjour... — On vous montrera ça, comtesse... — Il y va des gens très-chics... — Allons-y!...

— Baron, vous perdez la tête.

— Jamais de la vie! — Vous n'avez pas vu, — vous voulez voir, — vous verrez! —

Nous allons vous y conduire... et nous rirons, comtesse, nous rirons comme des petites folles ! — Ça sera tout simplement renversant !...

— C'est impossible !...

— Pourquoi donc?

— Songez-vous à ce qu'on dirait ?... — La comtesse de Nancey au bal de la Closerie ! — Il y aurait de quoi révolutionner Paris !...

— Oui, peut-être, si vous alliez là seule avec moi, ou avec un de ces messieurs... parce que nous sommes des gens dangereux. — Mais nous serons toute une bande ! — Plus rien à dire, alors ! — Pas moyen d'être compromise... Parole d'honneur ! pas moyen !

— C'est assez vrai, ce que vous dites... — d'ailleurs nous n'y resterions que quelques minutes, le temps de satisfaire ma curiosité...

— Parfait ! c'est entendu, comtesse ! — Je préviendrai ces messieurs pendant l'entr'acte, et, en avant marche ! — Nous arriverons au moins douze ou quinze...— Voyez-vous d'ici l'effet de notre entrée ! — Nous épaterons les étudiants et mesdemoiselles leurs épouses... — Ça sera d'un chic à tout casser !!!

— Mais c'est que j'ai renvoyé ma voiture...

— J'ai la mienne, et je sais que plusieurs de ces messieurs ont gardé les leurs... —Elles sont à vos ordres...

Madame de Nancey ne fit plus d'objection, ou tout au moins n'en fit que pour la forme. — L'idée de mener à bien cette scandaleuse folie, si blessante pour son mari, l'enchantait.

L'acte s'acheva. — L'escadron volant fut prévenu. — Blanche quitta le théâtre, monta dans le coupé du baron d'Alban, à qui du reste elle ne permit point de prendre place à côté d'elle. — Les jeunes gens s'installèrent dans leurs voitures et dans des fiacres, et toute la troupe se dirigea vers les hauteurs du quartier Latin, voisines du Luxembourg et de l'Observatoire. — Les véhicules firent halte devant la porte de la Closerie, flamboyante de gaz, ornée de sergents de ville, et entourée de son cercle habituel de badauds et de curieux qui ne franchissent jamais le seuil, mais qui savourent le plaisir innocent et la jouissance économique de voir arriver les danseuses et d'entendre tonner de loin les cuivres de l'orchestre.

Le petit baron d'Alban avait prédit que l'entrée de Blanche et de son escadron volant produirait un effet énorme. — Il ne fut point déçu dans son attente.

Le bal Bullier se trouve situé beaucoup plus bas que le niveau de la place de l'Observatoire. — Il faut descendre les degrés d'un interminable escalier pour arriver à la salle de danse et au jardin qui s'étale sur le flanc d'une colline abrupte, jardin semé de nombreux sentiers, circulant au milieu d'arbustes éclairés en verres de couleur, et conduisant à des bosquets sombres et à des grottes mystérieuses, où règne une demi-obscurité chère à Vénus.

Le public habituel de la Closerie se compose d'étudiants, de commis, et de tout le personnel féminin du quartier Latin. — Le plus complet sans-gêne y règne absolument. — Les chapeaux mous sont là en majorité. — Bon nombre de ces demoiselles arrivent en voisines et tête nue.

De temps en temps la bicherie chorégraphique s'y fait représenter par quelques cocottes de l'autre côté de l'eau qui, désertant Mabille pour un soir, viennent chercher au jardin Bullier le regain de leurs souvenirs de jeunesse, de leurs illusions envolées et de leur fraîcheur disparue. — Mais ce sont là des exceptions.

Qu'on juge de l'impression produite, à dix heures du soir, au moment où le bal était à son apogée de bruyante animation, par l'arrivée de Blanche, élégante et superbe, étalant avec insouciance sur le plancher poudreux la traîne immense de sa robe tapageuse, et suivie de quatorze ou quinze gentlemen admirablement corrects, la raie au milieu de la tête, le lorgnon dans l'œil, le gardénia à la boutonnière, cravatés de blanc, gantés de paille, — enfin jolis, jolis, jolis...

Il se fit dans le bal un mouvement de surprise et d'émotion.

Vainement l'orchestre continuait à jouer le *Zim laï la* entraînant des *Pompiers de Nanterre*, les quadrilles se disloquaient, les danseurs les plus convaincus perdaient la mesure et négligeaient leurs effets le *cavalier seul*.

La foudroyante beauté de la nouvelle venue produisait son effet habituel. — Les hommes admiraient la femme, — les femmes étudiaient la toilette, et, dans leur jalousie de filles d'Ève, s'efforçaient de trouver matière à critique, mais ne pouvaient en venir à bout.

Les habitués du jardin Bullier ne fréquentent guère le bois de Boulogne, les courses et les théâtres élégants. — Ils voyaient Blanche, ce soir-là, pour la première fois, et se demandaient les uns aux autres :

— Qui est-ce ?

— Pardieu ! c'est la comtesse de Nancey ! la plus jolie femme de Paris, — s'écria tout à coup le commis d'un joaillier de la rue de la Paix, envoyé deux ou trois fois par son patron à l'hôtel de la rue de Boulogne.

La comtesse de Nancey !...

Le drame de la place Vintimille et le procès de Paul avaient rendu ce nom célèbre. — Il fut bientôt sur toutes les lèvres. — La curiosité redoubla. — Les danses avaient cessé complétement, au grand émoi du chef d'orchestre stupéfait et des

musiciens effarés. — On montait sur les chaises pour mieux voir Blanche, on faisait la haie sur son passage, car elle marchait toujours, gracieuse et lente, au bras
du petit baron, jouant de l'éventail, souriant à demi, et ne paraissant nullement
gênée par tous ces regards qui la dévoraient.

Arrivée au bout de la salle, elle s'arrêta et, se retournant, elle dit à ses cavaliers,
mais assez haut pour être entendue des spectateurs les plus rapprochés :

— Eh bien ! mais pourquoi donc le bal est-il interrompu ? — J'espérais voir
danser... On affirme que c'est charmant...

On aurait pu croire que ces paroles étaient un ordre tombé d'une bouche
souveraine, tant est grand le prestige de la beauté, tant son pouvoir est indiscutable.

Les quadrilles désunis se reformèrent aussitôt. — Les *beaux danseurs* mirent en
réquisition les célébrités chorégraphiques de l'endroit et tinrent à honneur de se
surpasser, sous les yeux de la comtesse, dans les *tulipes orageuses* les plus abra-
cadabrantes et dans les *moulins à café* les plus réussis.

Le pas national du *Coléoptère amoureux* fut un triomphe. — Blanche ne dé-
daigna point d'applaudir à plusieurs reprises en frappant la paume de sa main
gauche avec son éventail d'ivoire à demi fermé.

Le baron d'Alban ne se sentait pas d'aise.

— Eh bien ! comtesse, — murmura-t-il en introduisant son pouce dans l'entour-
nure de son gilet largement échancré, et en agitant les quatre autres doigts comme
des nageoires ; — quelle allure ! quel chic ! — Ces gens-là ont un rude cachet, et
je crois que j'ai eu une riche idée ! — Hein ? qu'en dites-vous ?

— C'est très-pittoresque et vraiment drôle en effet ! — répliqua Blanche. — Re-
produites au théâtre, dans la pièce que nous voyions tout à l'heure aux Variétés,
ces danses sont de convention pure. — On y sent le travail, l'étude, le maître de
ballets ! — L'initiative, l'imprévu, la fantaisie, font défaut... — Ici, au contraire,
les danseurs jouent leur rôle au naturel... Ils sont convaincus, et par cela même
excellents !... — Ils ne cherchent point à divertir un public... — Ils s'amusent eux-
mêmes, ce qui rend leur gaieté franchement communicative...

— Ah ! s'ils s'amusent, les gaillards ! Peste, je le crois bien ! — s'écria le petit
baron ; puis, se frappant le front, il ajouta : — Comtesse, une idée ! — Elles me
viennent par flottes, ce soir, les idées ! Qu'on le remarque ! — Celle-ci est à tout
casser, je vous en préviens...

— Voyons, — dit Blanche.

— Changeons d'emploi pour cinq minutes. — De spectateurs devenons acteurs et pinçons un léger quadrille. — Ça sera d'un chic inouï ! — Hein ! comtesse ? Qu'en pensez-vous ?

— Je pense, baron, que vous êtes fou !

— De vous, rien n'est plus sûr ; mais autrement, ni peu ni beaucoup ! — Mon idée est pratique...

— Danser dans un bal public ! me donner en spectacle ! Allons donc !

— Comtesse, il y a des précédents... — Est-ce que nos jolies grand'mères ne gigotaient pas aux Porcherons, sans gêne et sans scrupule, au beau milieu des grisettes et des gardes françaises ? — Ça avait même, j'ose le dire, un relief assez épatant ! Et d'ailleurs où serait le mal ? — Nous sommes entre nous... — Je vous servirai de cavalier, et je joue des gambilles aussi gaillardement que n'importe qui ! — J'ai fait mes preuves à Bougival...

— Quelle folie ! — murmura Blanche. — Mais, si j'avais la faiblesse de consentir, — faiblesse que bien certainement je n'aurai pas, — qui donc me ferait vis-à-vis ?...

— Comtesse je vois là, dans la bordure, une petite demoiselle très-chic, et plus honnête qu'elle n'en a l'air... Elle se nomme Arsène et brille à l'Opéra, un théâtre qui jadis, comme vous savez, émancipait les ingénues et anoblissait les vilaines... — Je vais lui faire un signe... — Hein ? faut-il ?...

— Non... non... c'est impossible !... — Baron, je vous défends d'insister...

Le baron, néanmoins, insista. — Blanche résista, — fermement d'abord, — puis plus faiblement, et enfin finit par céder...

Trois minutes après, la comtesse de Nancey, — applaudie à tout rompre par les étudiants, — figurait dans un quadrille du jardin Bullier, ayant pour vis-à-vis une ballerine de quatrième ordre !...

Un reporter qui venait d'arriver faillit suffoquer de joie. — Quel merveilleux scandale à raconter le lendemain, à Paris stupéfait, dans les *Échos* de son journal !

VII

RUE DE BOULOGNE.

Très-émue, et presque honteuse de son succès trop éclatant, madame de Nancey, aussitôt après le quadrille, déclara qu'elle voulait partir, et fit cette déclaration d'un ton si ferme qu'aucun des cavaliers, de l'escadron volant n'essaya de la retenir.

Elle prit le bras du baron d'Alban et quitta le bal en triomphatrice, acclamée sur son passage comme une reine par ses sujets, — au temps, hélas! si loin de nous, où les sujets acclamaient leur reine...

Plus d'un étudiant, cette nuit-là, revit dans ses rêves les grands yeux noirs et les cheveux blonds de la comtesse de Nancey.

Elle remonta seule dans la voiture qui l'avait amenée, et le petit baron donna tout bas à son cocher un ordre qu'elle n'entendit pas.

Tandis que le coupé roulait rapidement, Blanche, à mesure que sa surexcitation fébrile diminuait, ne pouvait envisager sans une sorte de vague inquiétude l'acte d'incompréhensible folie qu'elle avait commis.

Elle ne se repentait point d'avoir bravé le monde et mis un ridicule ineffaçable sur le nom détesté de son mari, mais elle se sentait déchue à ses propres yeux...— Il lui semblait qu'elle venait de faire un grand pas vers l'abîme inconnu qui l'attirait...

La voiture, en s'arrêtant, arracha madame de Nancey à ses réflexions absorbantes. — Elle mit pied à terre, se croyant arrivée rue de Boulogne. — Elle regarda machinalement autour d'elle, aperçut à sa gauche le boulevard et, en face, un escalier éclairé à *giorno*, qu'elle reconnut aussitôt pour en avoir plus d'une fois gravi les marches, jadis, en compagnie du pair d'Angleterre.

C'était l'escalier conduisant aux cabinets de la Maison d'Or.

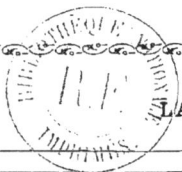

L'amazone et ses gardes du corps foulaient au pas de leurs montures. (Page 39.)

Blanche fronça le sourcil.

— Que signifie cela? — demanda-t-elle aux jeunes gens qui l'entouraient. — Pourquoi m'avez-vous conduite ici?

— Mais, mon Dieu, tout simplement pour avoir l'honneur de vous offrir à souper..., — répondit le petit baron. — Vous acceptez, c'est entendu! — Prenez mon bras, comtesse, et montons.

— Je refuse, au contraire! — répliqua vivement madame de Nancey. — C'est bien assez d'une folie ce soir! — il est grand temps de retourner chez moi...

— Comtesse, voilà minuit qui sonne! — Le comte est certainement au cercle et ne rentrera pas de sitôt... — Laissez-vous attendrir et soyez *bon garçon!* — Votre départ intempestif nous couperait l'appétit à tous... ce qui aurait trop de relief! — D'ailleurs, nous ne vous garderons pas longtemps! — Un consommé aux œufs pochés, une aile de faisan à la gelée, une écrevisse à la bordelaise, deux verres de Haut-Brion tiédi et quatre de Saint-Péray frappé, combien de minutes faut-il pour déguster cela? — Trente à peine! — Donnez-nous donc une demi-heure... une toute petite, et vous serez libre...

Dans la vie privée, comme dans la vie politique, les concessions se succèdent et s'enchaînent fatalement...

Blanche avait cédé pour le bal et cédé pour le quadrille, — elle céda une troisième fois et consentit à présider, pendant trente minutes, montre en main, le souper de son escadron volant.

Malheureusement les minutes passèrent, rapides et silencieuses, et la comtesse, grisée en quelque sorte par le joyeux tapage qui l'environnait, oublia de les regarder passer...

Au moment où elle consulta sa montre, il était une heure du matin!...

— En vérité, messieurs, — dit-elle en se levant, — ce que vous m'avez fait faire est absurde! — Je suis trop *bon garçon,* et vous en abusez! — Que penseront mes gens! — Une voiture, bien vite... et bonsoir...

— Quoi, déjà! — bourdonna l'essaim des cocodès.

— Bonsoir, — répéta Blanche en quittant le petit salon et en s'élançant sur les degrés de l'escalier, où tous ses cavaliers la suivirent en désordre, mais sans parvenir à la rejoindre.

— Prenez mon coupé, comtesse! — lui cria le petit baron.

Madame de Nancey roulait déjà vers la rue de Boulogne, dans la première venue des voitures qui stationnaient le long du trottoir de la rue Laffitte.

L'escadron volant remonta et se remit à table.

— Gentlemen, — dit M. d'Alban, — je porte un toast à notre belle fugitive qui est une femme chic, s'il en fut, et aux souvenirs épatants de cette soirée! — La comtesse à la Closerie et à la Maison d'Or! C'est là une chose obéliscale et d'un relief à tout casser! — On en causera demain dans Paris, j'ose le dire... — J'ouvre une souscription, gentlemen, pour faire frapper à la Monnaie une médaille commémorative!...

La motion du cocodès fut accueillie avec enthousiasme, et l'escadron volant continua son souper.

Au moment où le coupé s'arrêta rue de Boulogne, devant la porte de l'hôtel, le cœur de Blanche battait avec force.

Malgré toute l'énergie de son caractère, la jeune femme avait presque peur.

Elle allait se trouver sans doute en face du comte. — Que lui dirait-il? — Que lui répondrait-elle?

Bien que méprisant M. de Nancey de toutes ses forces, elle ne se dissimulait point que ce mari, bafoué si cruellement, serait en droit de l'écraser dans un premier transport de colère, et que peut-être il le ferait...

Mais l'audace était le trait dominant de la nature de Blanche. — Elle imposa silence à son émotion, et, tout en traversant la cour, elle murmura :

— Eh bien! nous verrons! — Je suis faite pour la lutte, après tout! — Je ne veux pas avoir peur!

Et d'un pas ferme et rapide elle gravit les degrés du perron.

Le vestibule était éclairé, mais aucun domestique ne s'y trouvait en ce moment.

Blanche monta le grand escalier et se dirigea vers son appartement, qu'elle atteignit sans rencontrer personne.

— Il serait curieux, — se dit-elle en pénétrant dans son antichambre éclairée par une veilleuse, — il serait curieux que le comte ne fût point rentré, ou qu'il ignorât mon absence. — C'est chose possible, en somme, et je commence à l'espérer.

Tout en formulant la réflexion qui précède, Blanche ouvrit la porte de sa chambre à coucher, et son espérance se trouva déçue.

M. de Nancey était là, debout auprès de la cheminée. — Il avait allumé toutes les bougies des candélabres, et ces clartés joyeuses illuminaient étrangement sa figure pâle, contractée, presque méconnaissable.

— Il devait avoir ce visage en tuant Marguerite... — pensa la jeune femme, dont le pas, cependant, ne se ralentit point.

Le comte étendit sa main droite vers le cadran de la pendule.

— Une heure et demie! — dit-il d'une voix à peine distincte. — D'où venez-vous?...

— Ne suis-je pas libre de mes actions? — demanda Blanche avec une hauteur insolente, car elle se raidissait en face du péril.

— D'où venez-vous? — répéta M. de Nancey.

— Que vous importe?

— Je suis votre mari!... Je suis votre maître!... — Pour la troisième fois, d'où venez-vous?...

— Ainsi, vous prétendez exiger de moi des comptes?

— Je prétends cela, oui, madame!

— Et si je refuse?

— Si vous refusez, prenez garde!

— A quoi donc? — Me tuerez-vous? — Oui, je sais, vous tuez les femmes !

Blanche était à trois pas de Paul. — Elle s'arrêta, la tête haute, et elle attendit. Les deux époux croisaient leurs regards étincelants, comme des duellistes croisent leurs épées, et chacun d'eux semblait chercher l'endroit mal défendu où il pourrait frapper mortellement son ennemi.

— Je tue qui m'insulte et qui me trompe!.... — murmura le comte d'une voix sourde.

— Et vous croyez que je vous trompe? — demanda Blanche impétueusement.

— Je ne crois rien, mais je veux savoir. — C'est pour cela que je vous interroge... C'est pour cela qu'il faut me répondre...

— Eh bien! advienne que pourra! — s'écria la comtesse. — J'aurais pu céder à la prière, mais je résiste à la menace! Je ne répondrai pas! — Vous parlez d'insulte et de trahison! — C'est vous qui m'outragez! — Ah! vous doutez de moi! — Eh bien! je n'accepte point ce doute! — La vie que vous me faites est odieuse! — C'était déjà beaucoup de subir votre amour!... — Vous y joignez l'injure et la jalousie!... c'est trop et le fardeau m'écrase. — Séparons-nous, monsieur! — Dans quelques heures j'aurai quitté cette maison, n'emportant rien à vous! rien, — pas même votre nom! — je vous le rends, ce nom qui ne m'aura valu que les dédains et les mépris du monde! — il n'y a plus ici de comtesse de Nancey... C'est Blanche Lizely qui partira demain...

— Partir!... — murmura Paul en tremblant, car il suffisait de cette menace pour lui faire oublier soudain ses colères, ses angoisses, et les soupçons que Blanche ne cherchait même point à combattre. — Ainsi, c'est vrai! — Vous me haïssez tant que vous pourriez vous séparer de moi!

— Je pourrais tout plutôt que de souffrir encore ce que je souffre depuis un instant... — L'injustice me révolte! — Et d'ailleurs, quel mobile m'arrêterait? Vous ne m'aimez pas... — L'homme qui accuse a cessé d'aimer! — Disons-nous adieu, monsieur le comte, adieu pour toujours, et croyez bien que je vous pardonne!

— Blanche, — balbutia M. de Nancey en essayant de saisir les mains de sa femme, — j'avais tort... j'étais insensé... — je ne vous accuse plus, je le jure... — Tout ce qu'il vous plaira de me dire, je le croirai... ou plutôt ne me dites rien... je ne veux rien savoir... Quoi que vous ayez fait, vous avez eu raison de le faire! mais ne me quittez pas, ma Blanche adorée, ne me quittez pas !... Est-ce que je pourrais vivre sans vous ?

— Eh bien, soit ! — répondit la comtesse après un silence. — Je cède... je resterai... mais il faut que vous sachiez tout. C'est moi qui veux parler maintenant, et, quand vous m'aurez entendue, vous rougirez de vos soupçons.

VIII

DANS LEQUEL IL SERA QUESTION DU PRINCE GRÉGORY.

Madame de Nancey, par une manœuvre stratégique incomparablement habile, avait fait avorter l'orage qui, pendant les angoisses d'une longue attente, s'était préparé dans le cœur et dans le cerveau du comte.

Quoique ce dernier, tout à l'ardeur de sa foi nouvelle, voulût ne rien entendre et ne rien savoir, la jeune femme insista pour lui raconter par le menu l'emploi de sa soirée, et elle arrangea si bien son récit que la visite à la Closerie des Lilas et le souper à la Maison d'Or, — en nombreuse compagnie, — devinrent aux yeux de Paul de piquantes et originales fantaisies, dont on ne pouvait se scandaliser à moins d'avoir l'esprit absolument mal fait.

Bref, le malheureux sollicita de nouveau son pardon, — il l'obtint — et, lorsqu'il sortit de la chambre à coucher de Blanche, il était plus que jamais sous le joug de cette passion aveuglante et bestiale qui calcinait son sang et troublait sa raison.

Le surlendemain cependant, en lisant à son cercle, dans les *Échos de Paris* d'un journal extrêmement répandu, l'historique de ce quadrille du jardin Bullier où la comtesse de N... avait joué un rôle, il éprouva une sensation d'intolérable douleur, de poignante honte et, dans un premier mouvement de rage, il se mit en route pour aller demander raison de son article au reporter trop bien renseigné.

Mais la réflexion l'arrêta à moitié chemin.

Le journaliste, en somme, n'avait dit que la vérité. — Sous quel prétexte lui chercher querelle ?

Une provocation serait absurde. — Un duel n'aurait d'autre résultat que de doubler le bruit, de grandir le scandale, de centupler le ridicule, et d'écrire le nom de la comtesse en toutes lettres sous l'initiale, déjà bien transparente, hélas !!!

Si bas que notre héros fût tombé, il redevint pendant quelques instants gentilhomme par la souffrance. — L'honneur du nom était compromis ! — Ce nom, transmis jusqu'à lui si pur et si brillant par une longue suite d'ancêtres, — comme un héritage sacré qu'il fallait conserver intact sous peine de forfaiture, — la comtesse de Nancey le traînait dans les lieux suspects, le jetait en pâture aux racontars de la chronique scandaleuse !

Et cette femme, il l'aimait encore ! — il l'aimait plus que jamais et plus que tout au monde ! plus que sa vie, plus que son honneur ! — Elle le garrottait si complétement, elle le rendait si faible et si lâche, que la punir ou la quitter étaient pour lui des choses impossibles.

Il devait donc courber la tête, accepter le ridicule, subir la honte, et se taire.

C'était monstrueux, mais c'était ainsi.

Paul entra dans le premier café qui se trouva sur son passage.

— Que faut-il servir à monsieur ? — demanda l'un des garçons.

— De l'absinthe, — répondit le comte.

On mit devant lui ce haschich de l'Occident, ce philtre mortel et consolant que la bohême nomme *la Muse verte*.

Il en but jusqu'à s'étourdir. — Quand il revint rue de Boulogne, ses domestiques le virent avec étonnement chanceler en montant les degrés du perron, et fredonner du bout des lèvres le refrain d'un air inconnu. — Il avait l'œil brillant et la mine joyeuse...

Il était ivre et ne souffrait plus.

Paul aurait désiré passionnément conduire sa femme en Normandie pendant les grandes chaleurs, et passer deux mois avec elle à son domaine des Tilleuls.

La comtesse, à qui la seule pensée d'un si long tête-à-tête avec son mari inspirait une répugnance insurmontable, repoussa bien loin ce projet et voulut rester à Paris, où du moins les distractions ne lui manquaient point.

Nous avons dit que, lorsque le temps était beau, elle montait chaque jour à cheval et faisait un tour au bois de Boulogne.

Un matin, vers les dix heures, elle sortit comme de coutume, gracieusement et solidement assise sur *Norma*, sa jument bai-brune, une bête de pur sang, très-coquette, admirablement *mise*, à la fois ardente et sage.

M. de Nancey avait payé douze mille francs *Norma*, ramenée d'Angleterre par David Meyer tout exprès pour la comtesse.

Un domestique admirablement correct suivait à une distance de cent pas, sur un cab irlandais vigoureux et d'une grande distinction.

Non loin de l'Arc de Triomphe, trois ou quatre jeunes gens faisant partie de l'escadron volant, et parmi lesquels nous citerons Robert de Lorey, le vicomte de Crancé et le petit baron d'Alban, rejoignirent madame de Nancey et lui firent escorte selon leur coutume.

L'amazone et ses gardes du corps foulaient au pas de leurs montures la piste de l'avenue de l'Impératrice, — et se trouvaient à peu près à la hauteur du numéro 64, — lorsqu'ils furent croisés par un cavalier bien monté, embarqué au galop de chasse.

Ce cavalier, que la comtesse voyait ou du moins remarquait pour la première fois, salua le petit groupe en passant, et les jeunes gens lui rendirent son salut.

Le sportman matinal était un homme d'une trentaine d'années, grand et mince, de tournure élégante et de mine hautaine. On ne pouvait dire qu'il fût beau. En tout cas sa beauté, si elle existait, n'offrait rien de régulier; mais il y avait dans son ensemble un certain je ne sais quoi qui forçait irrésistiblement l'attention. — Le regard, après s'être attaché sur lui, ne s'en détournait point sans peine, et, quand il avait disparu, son image se gravait, nette et distincte, dans la mémoire.

Sa figure allongée, d'une pâleur mate et tintée de bistre, présentait des traits fortement empreints du cachet d'une autre race. — Le nez, très-aquilin, avait les narines mobiles. — La bouche était petite. — Les lèvres charnues, d'un rouge vif, découvraient en s'écartant des dents d'un éclatant émail. — Les yeux d'un bleu sombre, presque trop grands et placés plus près du nez que ne le permettent les lois du dessin classique, avaient une expression tantôt caressante et tantôt dédaigneuse. — Les sourcils étaient d'un noir bleu, ainsi que les cheveux presque crépus, coupés courts et dessinant cinq pointes sur un front un peu bas. — Les moustaches fines et très-longues se recourbaient légèrement à leurs extrémités. — Les mains bien gantées, les pieds cambrés et étroits, étaient irréprochables.

Ce gentleman portait à la boutonnière de sa redingote du matin une rosette multicolore.

Son cheval, dont la robe noire et brillante miroitait comme du satin, appartenait évidemment à cette race à laquelle le comte Orloff a donné son nom.

— Qui est-ce ? — demanda madame de Nancey curieusement.

— Comtesse, c'est le prince, — répondit M. de Lorey.

— Quel prince ?

— Le prince Grégory S...

Nos lecteurs ne tarderont point à comprendre les motifs qui nous forcent à n'écrire que l'initiale du nom prononcé par le jeune homme.

— Ceci ne m'apprend absolument rien... — reprit Blanche. — C'est la première fois que j'entends parler de votre prince Grégory.

— Comtesse, savez-vous ce que c'est que la Valachie?

— Certes! — répondit madame de Nancey chez qui, pour un instant, l'ancienne institutrice reparut; — je le sais sans aucun doute mieux que vous qui, je le parierais, n'avez jamais lu le livre d'Engel.

Et, tout en riant, elle poursuivit rapidement :

— La Valachie, pays situé entre la Transylvanie et la Moldavie, tout près de la Hongrie et arrosé par le Danube. — Climat humide et chaud... — Culte grec schismatique... — Gouverné par un hospodar électif.

— Un hospodar ! — interrompit le petit baron. — Ah ! comtesse, quel relief ! — Rien que ce mot d'hospodar me transporte en plein opéra bouffe ! — paroles d'Henri Meilhac et Ludovic Halévy, musique du maestro Jacobo Offenbach ! — L'hospodar, Dupuis... le sous-hospodar, Grenier... le vice-hospodar, Hittemans...

— Insupportable bavard ! — s'écria la comtesse ; — taisez-vous ! — écoutez, et profitez si vous pouvez ! mais vous ne pourrez pas ! — La Valachie reconnaît la suprématie de la Porte, et lui paye un tribut...

— La Porte ! — interrompit pour la seconde fois l'incorrigible baron, — il y a des *Turcs* là-dedans! — Alors la musique sera d'Hervé. — Chef des janissaires, Christian... — sultane favorite et cascadeuse, amante du favori, Schneider... — Je vois ça d'ici!

— Cédée à l'Autriche en 1718... — continua Blanche après avoir menacé de sa cravache M. d'Alban. — Mise par le traité de 1856 sous la protection collective des grandes puissances... État constitutionnel aujourd'hui, gouverné par un prince électif et par une Assemblée représentative. — Unie depuis 1859 avec la *Moldavie* sous le nom commun de ROUMANIE. — Un seul prince, le colonel Couza, fut élu

Le comte avait bu fiévreusement, coup sur coup. (Page 48.)

en 1866 par les deux Principautés-Unies... — Les plus célèbres parmi les anciens hospodars furent les Mavrocordato, Soutzo, Stourza, Ghika, Stirbey, Bibesco...— Hein, messieurs, qu'en dites-vous ?

— Comtesse... comtesse !... — s'écrièrent à l'unisson les cavaliers de l'escadron volant ; — mais vous êtes un puits de science!

— Comtesse, vous êtes épatante !... Je ne vous l'envoie pas dire ! — conclut le baron d'Alban. — Quel cachet, mes petits enfants! quel cachet!...

— Et maintenant, monsieur de Lorey, — reprit Blanche en riant toujours ; —

maintenant que vous savez que je sais ce que vous ne saviez peut-être pas absolument aussi bien que moi, à votre tour de parler... Apprenez-moi ce que j'ignore...

— Eh bien ! comtesse, — le prince Grégory S... est un prince valaque.

— Un vrai ?

— Tout ce qu'il y a au monde de plus vrai, et non moins original qu'il n'est
prince. — Jeune encore, et point marié... — Joli garçon... Vous l'avez vu... —
riche, très-élégant, homme à bonnes fortunes autant qu'on le puisse être... Beau
joueur, parieur intrépide, tireur de première force et *friand de la lame*... Voilà
sa photographie.

— Ah çà ! mais c'est *quelqu'un*, ce prince ! — s'écria madame de Nancey. — La
physionomie que vous venez d'esquisser s'écarte du *ponsif* habituel. — Elle a du
relief, cette figure, comme ne manquerait pas de l'affirmer notre ami le baron
d'Alban... Il est singulier que je n'aie jamais entendu parler du Valaque en
question.

— Comtesse, rien n'est plus simple au contraire... — Je vous ai dit que
Grégory était original... — L'une de ses originalités consiste à n'avoir nulle part
d'installation sérieuse, excepté, bien entendu, dans ses vastes domaines de la
Roumanie ; mais il a des pied-à-terre dans toutes les grandes villes de l'Europe,
à Paris, à Londres, à Vienne, à Berlin, à Florence, à Saint-Pétersbourg, *et
cætera*... On a causé la veille avec lui dans un salon ou sur le boulevard, jusqu'à
deux heures du matin... — Le lendemain il est parti sans prévenir personne, et
pendant cinq ou six mois on ne reçoit de ses nouvelles que par les gens qui l'ont
rencontré à quelques centaines de lieues du boulevard des Italiens... — Parti l'hiver dernier brusquement, il est revenu il y a quinze jours... — Sa *garçonnière*
parisienne est un tout petit entresol du boulevard Haussmann... — C'est là qu'il
reçoit ses amis et que diverses femmes voilées lui rendent parfois visite... — Son
état de maison est des plus simples... deux ou trois domestiques et trois ou quatre
chevaux, voilà... — Vous en savez maintenant, madame, aussi long que moi et
que nous tous sur le compte du prince Grégory...

IX

PRÉSENTATION.

Madame de Nancey, dont la curiosité féminine était satisfaite, rendit la main à sa jument *Norma* qui prit un galop rapide, et l'escadron volant s'élança sur les traces de la gracieuse et intrépide écuyère.

Après une demi-heure de course plate, la comtesse et ses cavaliers mettaient pied à terre dans la cour de Madrid, et, jetant aux grooms les brides des chevaux, franchissaient le seuil de l'un des petits salons du rez-de-chaussée, où des biscuits et du vin de Xérès les attendaient.

A chacune de ses promenades équestres Blanche avait l'habitude de tremper ses lèvres dans un verre de vin d'Espagne, soit à la Cascade, soit à Madrid et, tout en causant, elle fumait ensuite, très-gaillardement, ma foi, deux ou trois cigarettes russes.

Elle venait d'allumer la seconde, quand le groom de M. de Lorey entra et remit une carte à son maître.

— Ah! ah! — s'écria Blanche en riant, — qui donc vous relance jusqu'ici?

— Le prince Grégory, comtesse... — répliqua le jeune homme après avoir regardé la carte.

— Peut-être possède-t-il le don de seconde vue, assez commun, dit-on, en Roumanie, — reprit la comtesse, — et sait-il ainsi que nous nous sommes occupés de lui tout à l'heure... Dans ce cas, il vous enverrait sa carte en témoignage de gratitude, car, — chose presque invraisemblable, — vous n'avez dit de lui que du bien.

— Si vous le permettez, comtesse, je vais aller lui demander ce qu'il me veut...

— Certes, je le permets! allez vite.

M. de Lorey quitta le petit salon et revint au bout d'un instant.

— Eh bien! — demanda Blanche, — avais-je deviné juste?

— Pas absolument. — Le prince ignore tout à fait que vous ayez daigné me questionner à son sujet. — Il sollicite l'honneur de vous être présenté, et j'ai pris la liberté grande de lui donner l'espoir que sa requête serait favorablement accueillie...

— Vous avez eu raison! — Votre Valaque, présenté par vous, sera reçu comme un ami de six mois. — Seulement je quitte ma cigarette...

— Ah! comtesse, gardez-vous-en bien!—Les excentricités charmantes de femmes telles que vous, qui peuvent tout se permettre, parce que chez elles tout est exquis, enchantent mon Valaque, je le sais!... Il a l'horreur du *convenu*... et je trouve qu'il a bien raison!...

— Alors je continue.

— Je vais chercher le prince et je vous le ramène...

La présentation eut lieu dans les formes, et madame de Nancey, tendant à Grégory sa petite main, lui dit en souriant :

— Je suis chez moi tous les jeudis... — Je vais presque chaque soir au théâtre, et ceux de mes amis qui veulent bien penser à moi savent que je fais de ma loge une succursale de mon salon et viennent y causer à tour de rôle... — Il ne tiendra qu'à vous de suivre leur exemple.

Le Valaque répondit à ces paroles gracieuses les quelques phrases banales qui sont les *clichés* mondains de la conversation en pareille circonstance; mais ces phrases, en passant par sa bouche, devenaient presque originales, tant sa voix grave et musicale, d'un timbre singulier, et son petit accent étranger, leur donnaient de saveur.

Tout en parlant et en gardant la main de Blanche dans la sienne un peu plus longtemps qu'il n'aurait fallu, Grégory regardait la jeune femme avec une fixité bizarre.

Madame de Nancey soutint d'abord en souriant le choc de ces prunelles étranges d'où semblait jaillir un rayon de feu entre les paupières aux tons de bistre et les longs cils recourbés. Mais bientôt il lui sembla que le regard du prince pesait sur elle physiquement, comme une chose tangible et pondérable.

Cette sensation lui causa un indéfinissable malaise. Son sourire s'éteignit; elle baissa les yeux malgré elle.

Une lueur fugitive passa sur le visage du Valaque, à qui n'échappait point le soudain embarras de la comtesse. — Il cessa de lui parler et échangea des poignées de main avec le vicomte Gui de Grancé et le petit baron d'Alban, qu'il connaissait de longue date.

Aussitôt que Grégory ne la regarda plus, Blanche sentit disparaître comme par enchantement ce trouble qui n'avait point de cause appréciable; elle reprit son assurance habituelle et, s'adressant au nouveau venu, elle lui dit :

— Prince, ces messieurs, nos amis communs, affirmaient tout à l'heure que vous étiez d'humeur vagabonde, de mœurs nomades, et que, ne vous fixant nulle part, vous campiez un peu partout...

— Et c'est la vérité, madame la comtesse... — répondit Grégory.

— Excusez une question bien indiscrète, — continua la jeune femme; — mais je suis fille d'Ève, par conséquent curieuse!... — De quel endroit venez-vous maintenant?

— De Londres.

— Où vous avez passé longtemps?

— Trois mois.

— Et, entre votre départ de Paris et votre séjour à Londres, où êtes-vous allé?

— A Vienne.

— Vous parlez l'anglais et l'allemand, je suppose?

— Madame la comtesse, je parle toutes les langues... — Cosmopolite par vocation, il faut bien que je puisse me trouver un peu chez moi partout!

— C'est là, prince, une vocation fort triste pour vos amis. — Ils vous perdent à l'improviste et ne savent jamais quand ils vous reverront.

— Les amis sont oublieux, madame la comtesse... — Le jour de mon départ ils disent : — *Quel original!* — Le lendemain, ils ne pensent plus à moi.

— Ils ont cent fois raison, puisque vous les quittez...

— Aussi je ne songe point à me plaindre... — «*Loin des yeux, loin du cœur,*» dit un proverbe de votre pays... — C'est déjà beaucoup que mes amis me tendent la main, comme ils le font, au moment du retour, et je leur en suis, croyez-le bien, profondément reconnaissant.

— Et sans doute, dans quelques mois, voire même dans quelques semaines, vous allez de nouveau quitter la France?

— Je ne le pense pas.

— Vraiment!... c'est sérieux?

— Je vous l'affirme, madame la comtesse. — J'ai confiance dans les pressentiments, et les miens m'avertissent que, cette fois, je resterai à Paris longtemps... qui sait même?... toujours peut-être...

— Quoi! plus de pérégrinations lointaines! — L'homme errant se fixerait enfin! — L'oiseau voyageur, amoureux de l'espace et des horizons infinis, se couperait les ailes!

— Mon Dieu, oui!

— Mais ce serait un miracle?

— Madame la comtesse, dans mon pays on croit aux miracles.

— Et qui ferait celui-là?

Grégory attacha de nouveau sur madame de Nancey ce regard fixe et en quelque sorte magnétique dont nous avons constaté l'effet, et, après un instant de silence, il répondit :

— Ceci, madame, est un secret qui n'intéresse que moi. Permettez-moi donc de le conserver pour moi seul.

— Ah! — s'écria madame de Nancey fort étourdiment, — je parierais que l'auteur du miracle est une femme, et qu'il y a de l'amour sous jeu.

Grégory salua Blanche en souriant.

— Madame la comtesse, — répondit-il, — je ne tiendrai point votre pari.

— Pourquoi donc?

— Parce que vous avez gagné.

— Elle est bonne, celle-là! Ah! elle est bien bonne! — fit le petit baron d'Alban en se frottant les mains. — Vous vous êtes donc laissé pincer à la fin, grand vainqueur! — C'est toujours comme ça qu'ils finissent, ces irrésistibles! — Je crois que j'en rirai longtemps! — *Don Juan* filant aux pieds d'*Omphale!* — Encore un sujet d'opéra bouffe... et qui aurait un rude cachet! — Dites donc, prince, je vous sais connaisseur... — Elle doit être jolie, la dame de vos pensées, hein? — Brune ou blonde? — Du grand monde ou du demi? — De la ville ou du théâtre? — La première lettre de son nom... rien que la première lettre? — Vous refusez?... Eh bien, c'est pas gentil, parole! — Ça ne m'empêchera point, cependant, de sabler ce verre de Xérès aux beaux yeux bleus ou noirs de votre mystère en jupe de soie...

Le prince Grégory semblait prendre un plaisir médiocre aux calembredaines du petit baron. La conversation était épuisée.

Madame de Nancey regarda sa montre.

— Il se fait tard, messieurs, — dit-elle. — A cheval, et qui m'aime me suive!...

Une minute plus tard tout le monde était en selle, et Grégory se joignait à l'escadron volant qui formait l'escorte de la sirène aux cheveux d'or.

Au moment où les cavaliers, rentrés dans Paris, se séparaient de l'amazone, cette dernière tendit de nouveau la main au Valaque en lui disant :

— Prince, je compte sur vous... — N'oubliez pas !... — Le jeudi chez moi, et tous les autres soirs, ici ou là, mais quelque part... — Cherchez, prince, et vous trouverez.

Grégory s'inclina sur la crinière de son cheval russe, et appuya contre ses lèvres la main gantée de la comtesse.

La station à Madrid avait été longue, à cause de la présentation du Valaque et de la causerie dont nous avons mis quelques fragments sous les yeux de nos lecteurs.

Il était tout près de midi quand madame de Nancey arriva à l'hôtel, où d'habitude, le matin, on se mettait à table à onze heures précises.

Blanche se débarrassa de ses gants et de son chapeau d'homme, autour duquel s'entortillait un long voile vert dont elle ne se servait jamais pour cacher son visage.

Elle ne quitta point son amazone et demanda :

— Où est M. le comte ?

— A la salle à manger, — répondit le valet de chambre. — Madame la comtesse n'étant point rentrée, M. le comte a déjeuné seul...

Blanche fronça le sourcil. — Ceci lui semblait un manque d'égards. — Elle voulait bien traiter son mari avec un sans-gêne absolu, — et elle le prouvait ! — mais elle n'admettait point qu'il lui rendît la pareille, si peu que ce fût.

Tout en se dirigeant vers la salle à manger, elle murmurait :

— Il ne faut plus que ceci se renouvelle... Non, plus jamais...

Elle ouvrit brusquement la porte et s'arrêta, stupéfaite et irritée, sur le seuil.

Un spectacle inattendu et lamentable s'offrait à ses regards.

X

SCÈNE D'INTÉRIEUR. — PRÉSENTATION AU MARI.

Le déjeuner était sur la table, mais les plats, — sans exception, — restaient intacts et dans l'ordre symétrique où le maître d'hôtel les avait placés.

Paul, assis, ou plutôt renversé à demi et la tête soutenue par le dossier de son siége, offrait l'attitude et la physionomie d'un homme endormi, quoique ses yeux ne fussent pas fermés. — Il regardait sans la voir, avec une fixité idiote, une des corbeilles de fleurs et de fruits peintes au plafond et soutenues par des enfants. — Ses bras pendaient, flasques, le long de son corps abandonné. — Son visage se colorait de tons pourpres ; ses paupières s'entouraient de cercles violacés qu'on eût dit tracés à l'estompe.

Un flacon d'absinthe entamé notablement, et deux bouteilles de vin de Porto tout à fait vides, placés devant lui, expliquaient cette étrange somnolence.

Le comte avait bu fiévreusement, coup sur coup, avec rage, avec frénésie, pour cautériser ces cuisantes blessures que lui faisaient au cœur les angoisses de l'attente et de la jalousie. — Terrassé par la double ivresse de l'absinthe et du plus capiteux de tous les vins, il était là, gisant comme une masse inerte, et rien de ce qui constitue la créature intelligente ne survivait en lui.

Blanche, nous l'avons dit, n'avait point franchi le seuil.

Elle regarda, — elle comprit. — Pour la première fois madame de Nancey voyait son mari dans ce hideux état.

Un sourire, ou plutôt une sorte de rictus d'une expression presque effrayante crispa ses lèvres.

— Ah ! — murmura-t-elle, — ce n'était pas assez d'avoir pour lui tant de haine

Le Valaque offrit de nouveau son bras à madame de Nancey. (Page 55.)

et tant de mépris... — Le dégoût me manquait... — C'est complet maintenant...

Ayant ainsi parlé, elle referma la porte, remonta chez elle et donna l'ordre de lui servir, sur un guéridon, deux œufs frais et une côtelette qu'elle
mangea de bon appétit, et qu'elle accompagna d'un verre de vin de Bor-
deaux.

Une heure après ce repas frugal, elle fit une toilette de ville, commanda sa
voiture et sortit.

Les pesantes fumées de l'ivresse du comte se dissipèrent peu à peu. — Il reprit la faculté de penser; — il se souvint et, se voyant seul en face de ces mets refroidis auxquels personne n'avait touché, il questionna son valet de chambre.

Ce dernier répondit, — de la façon la plus respectueuse, mais avec la joie intime et malfaisante du valet bien certain de blesser son maître, — que madame la comtesse, venant pour déjeuner et trouvant M. le comte à peu près endormi sur sa chaise, avait immédiatement battu en retraite et s'était fait servir dans son appartement, puis qu'elle avait quitté l'hôtel sans dire quand elle rentrerait.

Paul frissonna.

Ainsi Blanche l'avait vu ivre, — bestialement ivre, — pareil à la brute immonde que le vin bleu du cabaret couche au coin de la rue, sur une borne!...

Que devait-elle penser de lui, et comment l'accueillerait-elle désormais, — elle déjà si glacée, si dédaigneuse, si difficilement abordable?

— Et cependant, — murmurait le malheureux, — si je suis descendu jusque-là, n'est-ce pas sa faute? — Je souffre tant par elle et pour elle! — L'ivresse au moins me donne l'oubli.

Madame de Nancey rentra vers six heures.

Paul, dont nous connaissons la faiblesse, ou plutôt la lâcheté lorsqu'il s'agissait de sa femme, n'osa se trouver sur son passage. — Le regard méprisant dont elle ne manquerait pas de le foudroyer lui faisait peur. — Les sarcasmes hautains, — par malheur trop bien justifiés cette fois, — qui s'échapperaient des lèvres de Blanche, lui causaient une insurmontable épouvante.

— Mieux vaut la voir seulement à table... — se dit-il. — En présence de nos gens elle sera forcée de se contenir, et je trouverai moyen de m'excuser d'une façon si délicate qu'elle ne pourra me garder rancune.

On voit à quel point l'insensé — (cette fois encore, comme toujours) — déplaçait la question.

Il s'était enivré le matin parce que Blanche, oubliant l'heure et se moquant de lui, galopait au bois de Boulogne en compagnie de cette bande de jolis messieurs qu'il exécrait, — et le soir nous le trouvons prêt, non point à parler en maître, — comme c'était incontestablement son droit et son devoir, — mais à solliciter l'indulgence de sa femme d'une manière humble et soumise...

On servit le dîner à l'heure habituelle.

Madame de Nancey, prévenue, fit répondre qu'elle ne descendrait pas...

Blanche voulait rester chez elle!...

Mais alors c'était donc une séparation absolue entre les deux époux?

Le mari et la femme allaient donc vivre sous le même toit, isolés à tel point que rien, même les repas, ne les réunirait plus?

Cette perspective fit passer un nouveau frisson sur la chair de Paul. Il pouvait accepter tout, — excepté de ne pas voir Blanche.

Nous croyons l'avoir dit dans l'une des pages de la première partie de ce récit, — l'empire que la comtesse exerçait sur M. de Nancey ressemblait à ce qu'au moyen âge on appelait la *possession*. — Et, nous l'avouons, en présence de ces dominations sans limites, qui font d'un homme la *chose* d'une femme, on est tenté de se demander s'il n'y a pas là quelque influence surnaturelle et diabolique...

Paul n'hésita plus et, tremblant, il monta chez Blanche.

A quoi bon reproduire cette scène humiliante où le comte, ayant perdu toute notion d'amour-propre, tout sentiment de dignité, pria, supplia, les mains jointes, les larmes aux yeux, et se mit à genoux devant celle dont il était le jouet?

Le dénoûment de cette navrante entrevue est facile à deviner. — Blanche, au bout d'une heure, fatiguée plutôt que vaincue, céda. — L'offenseur accorda, ou du moins feignit d'accorder à l'offensé un généreux pardon, et consentit à descendre pour le dîner.

Paul considéra ce résultat comme une grande victoire, et se dit tout bas que si la comtesse semblait parfois cruelle, au fond elle était vraiment bonne.

*
* *

Le jeudi suivant, —vers les dix heures du soir,—M. de Nancey, qui jouait tristement son rôle de maître de maison *in partibus* dans un coin de ses salons, —comme de coutume, — entendit tout à coup, non sans quelque surprise, annoncer le nom retentissant du prince Grégory S..., dont il n'avait jamais entendu parler, l'arrivée du Valaque à Paris étant à peu près contemporaine du mariage de Paul et de Marguerite.

Le comte essaya de voir de loin le nouveau venu mais une foule compacte les séparait.

— Vous connaissez le prince, cher comte? — lui dit un jeune homme qui venait de quitter la table de baccarat.

— Il paraît que je le connais, puisque je le reçois, — répliqua Paul non sans amertume.

— C'est un gentleman de la plus haute distinction, — reprit l'interlocuteur de M. de Nancey. — On le recherche beaucoup et ne l'a pas qui veut!... il est tout à fait à la mode! — J'ignorais qu'il fût à Paris. — Il arrive à peine, sans doute, et sa première visite est pour vous. — Mes compliments !

Quelques minutes s'écoulèrent. Il se fit un mouvement dans la foule, et Paul vit venir à lui la comtesse au bras du prince Grégory.

Le rapide croquis que nous avons tracé du Valaque a donné, nous le croyons, à nos lecteurs une idée à peu près exacte de sa tournure élégante et distinguée et de sa figure irrégulière, bizarre, mais assurément remarquable.

Le Grégory du soir était tout à fait différent du Grégory que nous avons décrit en tenue de cheval, la cravache à la main et les éperons aux bottes.

La toilette de bal, si disgracieuse à notre époque et si difficile à bien porter, rendait le prince singulièrement beau. — L'habit noir dessinait à ravir ses formes aussi sveltes et aussi souples que celles du Bacchus indien. — L'étroite cravate blanche, le plastron éblouissant de sa chemise, donnaient (comme disent les peintres) une *valeur* énorme à la pâleur brune et chaude de son teint. — Ses grands yeux noirs, aux paupières bistrées, qui paraissaient agrandis par le *coheul*, étincelaient. — Ses cheveux bleuâtres et presque crépus, ses longues moustaches effilées, lui prêtaient un cachet oriental très-remarquable. — Il ressemblait, sauf le costume, ou plutôt malgré le costume, à un prince des *Mille et une Nuits*.

Une brochette de petites croix diamantées remplaçait, à la boutonnière de son habit, la rosette multicolore qu'il portait le matin.

— Monsieur le comte, — dit Blanche à son mari, — je vous présente le prince Grégory S... — Prince, je vous présente le comte de Nancey...

Les deux hommes s'inclinèrent cérémonieusement. — Le Valaque tendit la main à son hôte, et ce dernier, en touchant cette main, reçut dans l'entendement le *coup de cloche* dont parle Balzac, qui, — s'il faut en croire l'immortel anatomiste du cœur humain, — précède souvent les grandes catastrophes de la vie, et dont le bruissement funeste semble dire à qui l'entend : — *Prenez garde !*

— J'ai eu l'honneur d'être présenté à madame la comtese par Robert de Lorey, notre ami commun, monsieur le comte..., — dit Grégory. — Madame la comtesse a bien voulu m'ouvrir la porte de votre maison, et l'accueil bienveillant que je reçois de vous double le prix de cette faveur.

Paul, troublé à son insu par ce pressentiment obscur dont nous venons de signaler l'existence, répondit vaguement une phrase polie, — une de ces phrases qui tombent d'une façon machinale des lèvres d'un homme du monde, même quand sa pensée est ailleurs.

Le Valaque attachait sur M. de Nancey son regard perçant. — Il semblait prendre la mesure de ce mari, et il souriait d'un air heureux.

Quand Paul eut achevé sa phrase, il n'ajouta rien. — La conversation allait tomber. — Grégory salua de nouveau, sourit plus que jamais, et continua le tour des salons, ayant toujours la comtesse à son bras, se penchant parfois vers elle, et savourant en dilettante de volupté le parfum qui s'exhalait de sa chevelure, de son épiderme, de sa personne tout entière, — ce parfum subtil dont M. de Nancey connaissait trop bien la puissance.

La comtesse et le prince arrivèrent ainsi auprès d'une table de lansquenet, — car on jouait le lansquenet, le baccarat et le chemin-de-fer, dans trois salons différents, à l'hôtel de la rue de Boulogne.

La partie était très-animée.

Madame de Nancey et le Valaque s'arrêtèrent.

XI

NOUVEAUX PERSONNAGES

Le prince et madame de Nancey s'arrêtèrent, avons-nous dit, auprès de la table de lansquenet.

Les joueurs, assis ou debout autour de cette table, parlaient tous à la fois, et l'on entendait se croiser ces phrases, — identiques, sauf le chiffre énoncé :

— Je fais deux louis... — cinq louis... — dix louis... — vingt-cinq louis... etc.

— Tout ou rien, messieurs, s'il vous plaît... — répliqua un grand jeune homme blond qui tenait les cartes et se nommait Paul de Maucroix. — Faites le banquo complet, ou je passe la main...

— Qu'y a-t-il donc? — demanda la comtesse.

— Il y a que Maucroix, parti de cinq louis, a passé sept fois de suite, — répondit l'un des joueurs; — il faut donc faire un banquo de douze mille huit cents francs, et c'est raide!

— Je ne tiens point à me retirer, — reprit M. de Maucroix, — mais je veux mener carrément ma main jusqu'au bout, ou mettre mon argent dans ma poche. — Je le répète, tout ou rien!... — A vos ordres, messieurs...

Un silence profond s'établit. — Les joueurs se tâtaient, et aucun ne se sentait l'audace nécessaire pour hasarder sur une carte la somme demandée.

Maucroix promena son regard interrogateur autour du cercle. — Personne ne répondant à ce muet appel, il fit un mouvement pour replacer les cartes sur la table.

Grégory l'arrêta du geste.

— Banquo du tout, monsieur, si vous le permettez..., — dit-il.

Le jeune homme s'inclina en signe d'adhésion.

Grégory tira de sa poche un portefeuille en cuir de Russie armorié. Il y prit douze billets de mille francs, un de cinq cents, il y joignit une pincée de louis puisée dans son gousset, et posa le tout sur le tapis vert, à côté du petit tas d'or et de papier *Soleil* et *Marsaud* appartenant à M. de Maucroix.

Ce dernier, un peu ému, tourna les cartes.

L'attente ne fut pas longue. — Un *refait* de dames décida la partie dès le premier coup. — Le Valaque avait perdu.

— Décidément, monsieur, vous avez une vraie main!... — dit-il en riant, — à votre place, je continuerais...

— Tiendrez-vous contre moi les vingt-cinq mille six cents francs, prince? — demanda Maucroix. — Dans ce cas, je suis prêt...

— Je ne tiendrai pas même un louis..., — répliqua Grégory. — Jouer contre vous serait absolument illogique, puisque j'ai confiance en votre veine...

Le grand jeune homme réfléchit pendant une seconde, puis il secoua la tête et murmura :

— Je passe la main.

— Alors je la prends... — dit le Valaque. — Il y a vingt-cinq mille six cents francs en banque!... — Et tirant pour la seconde fois son portefeuille, il ajouta, après avoir tracé quelques mots et sa signature, au crayon, sur une feuille couverte d'indications imprimées : — Ces vingt-cinq mille six cents francs sont représentés par ce chèque d'égale somme, à vue, sur mon banquier.

Les joueurs sont gens bizarres et capricieux. — Personne n'avait voulu tenir le banquo précédent, — celui-ci fut fait complétement en un instant. — Maucroix lui-même s'engagea pour six mille francs.

Grégory abattit un *sept* à gauche, un *roi* à droite, puis il fit lentement tomber les cartes au milieu, en les annonçant à mesure.

— *As*, — dit-il, — *quatre* — *trois* — *cinq* — *as* — *valet* — *sept*. — J'ai perdu!... — Mes compliments, monsieur de Maucroix! — Vous avez été bien inspiré en passant la main... — Serez-vous assez bon pour vous charger de toucher le montant de ce chèque, et pour opérer entre les gagnants la répartition des sommes qui reviennent à chacun?

— Je m'en charge bien volontiers, prince...

— Mille fois merci...

Le Valaque offrit de nouveau son bras à madame de Nancey et, d'un air de parfaite insouciance, s'éloigna de la table de lansquenet sur laquelle il venait de laisser, en cinq minutes, trente-huit mille quatre cents francs environ.

— Prince, — dit Blanche, — je suis désolée...

— Pourquoi donc, madame la comtesse?

— L'hospitalité de ma maison vous est funeste...

— A moi? — fit Grégory d'un ton de surprise admirablement joué, s'il n'était naturel.

— Sans doute, puisque le premier jour où j'ai l'honneur de vous recevoir la mauvaise chance vous accueille ici ! — Ah! vous n'êtes pas heureux au jeu et, je vous le répète, j'en éprouve un chagrin réel...

— Et moi, madame la comtesse, je vous jure que j'en suis ravi...

— A mon tour de vous demander pourquoi ?

— A cause d'un proverbe auquel j'ai foi... un proverbe de tous les pays, que vous ne connaissez pas sans doute, et que je ne vous ferai point connaître...

Blanche le connaissait à merveille, ce vieux *dicton* dont l'origine se perd dans la nuit des temps. — Elle garda le silence et se sentit rougir. — D'où lui venait cette émotion, car enfin rien n'indiquait qu'elle tînt une place quelconque dans la pensée du prince, au moment où il revendiquait les bénéfices d'une autre nature promis aux pontes malheureux par l'adage indiqué mais non cité par lui?

Naturellement, le petit épisode que nous venons de mettre sous les yeux de nos lecteurs grandit encore la réputation de Grégory. — On le vanta partout comme le plus beau joueur qu'on eût jamais vu, et le chiffre de sa fortune, qu'on supposait énorme déjà, se trouva décuplé dans l'opinion publique.

A partir de cette soirée il ne se passa pas un seul jour sans que madame de Nancey rencontrât le prince à peu près partout.

Lorsqu'elle allait au bois, à cheval, il faisait partie de son escorte. — Quand elle sortait en voiture, dans l'après-midi, elle le trouvait sur son passage. — A peine arrivait-elle au théâtre qu'il y paraissait aussitôt et, distançant de plusieurs longueurs le baron d'Alban, MM. de Lorey, de Crancé et tous les autres, se faisait ouvrir le premier la porte de sa loge.

L'essaim des cocodès était furieux, mais ne le laissait point deviner. — Aucun des jolis messieurs qui le composaient n'ayant le droit de se dire et de se croire favorisé, ne pouvait s'offenser ostensiblement de la cour que Grégory faisait à la comtesse. — Et même lui faisait-il la cour ? — la lui faisait-il autrement du moins qu'en recherchant partout sa présence ? — Personne ne pouvait l'affirmer. — Dans tous les cas, c'était une cour si discrète et si parfaitement respectueuse qu'elle devait passer inaperçue, même de madame de Nancey.

Est-il besoin d'ajouter que le Valaque ne manquait aucune des réceptions de la

Cleveland allait mélancoliquement assister à la sortie des artistes. (Page 58.)

rue de Boulogne? — Il y jouait beaucoup et gros jeu. — La chance ayant tourné, il gagnait presque toujours. — Les trente-huit ou trente-neuf mille francs perdus le premier soir avec tant de noblesse étaient revenus dans ses poches notablement grossis.

Grégory ne venait pas seul aux jeudis de la comtesse. — Il avait sollicité et obtenu l'autorisation de présenter un sien ami, jeune Anglais de bonne famille, portant le nom de Cleveland que Bulwer, l'aristocratique écrivain, a popularisé dans un de ses romans.

Plus jeune de quelques années que Grégory, Cleveland semblait avoir vingt-quatre ou vingt-cinq ans à peine. — Il était de taille moyenne et très-mince, — blond et rose comme une jeune fille, avec de grands yeux bleus candides et sans grande expression, — presque imberbe, sauf de petites moustaches fines et soyeuses, ombrageant des lèvres fraîches à rendre une jolie femme jalouse.

Parfaitement distingué sous tous les rapports, Cleveland portait avec grâce des habits coupés par le premier tailleur de Londres. — Il semblait doux et même un peu timide. — Sa conversation, sans être brillante, témoignait d'une éducation solide. — Il ne jouait jamais et faisait une médiocre dépense, quoiqu'on sût, par Grégory, que sa famille était millionnaire.

On le disait très-épris d'une chanteuse d'opéra bouffe dont nous ne tarderons point à parler. — On ajoutait qu'il l'avait aimée à Londres et qu'il était venu à Paris tout exprès pour la suivre.

Cleveland occupait un petit appartement au Grand-Hôtel, et montait les chevaux du prince, n'ayant point amené les siens.

Tous les matins, à sept heures, il allait rejoindre Grégory dans son entresol de garçon du boulevard Haussmann, et il y restait jusqu'à neuf heures. — Presque tous les soirs Cleveland et le prince dînaient ensemble, tantôt chez Brébant, tantôt au café Riche ou au café Anglais.

Après dîner, le Valaque se mettait à la recherche de madame de Nancey, qui, nous le savons, ne manquait jamais d'aller au spectacle, ici ou là.

Le jeune Anglais, muni d'une jumelle énorme, courait s'installer au premier rang des fauteuils d'orchestre du petit théâtre dont son idole était l'étoile et, jusqu'à minuit, il se pâmait d'aise aux excentricités de tous genres de la chanteuse, que ses diamants, autant que son talent, avaient rendue célèbre.

L'opérette finie, Cleveland allait mélancoliquement assister à la sortie des artistes. — Il voyait sa bien-aimée monter avec sa femme de chambre dans une voiture de remise — (elle ne se servait jamais de ses chevaux la nuit) — et s'éloigner dans la direction du boulevard.

Quand cette voiture avait disparu, il poussait un gros soupir, — allumait un cigare, — et rejoignait pédestrement son logis du Grand-Hôtel.

Ceci se passait tous les soirs, sans variantes, sauf le jeudi où, nous le savons, Cleveland accompagnait Grégory rue de Boulogne.

Comment se faisait-il que le jeune Anglais, joli garçon et, disait-on, millionnaire, se contentât de soupirer sur le trottoir et n'eût point encore franchi la porte d'un boudoir que le premier Jupiter venu pouvait ouvrir avec la clef d'or ? — Voilà ce que nos lecteurs ne tarderont point à connaître, car Cleveland et la comédienne, aussi bien que le Valaque, vont jouer un rôle imprévu dans l'histoire de la comtesse de Nancey.

XII

LE PRINCE

Si nous avons su, depuis le commencement de ce récit, tracer un portrait ressemblant, — au point de vue moral, — de la comtesse de Nancey, nos lecteurs auront constaté sans peine une chose assurément étrange, mais qui pour nous est indiscutable, c'est que Blanche Lizely, cette femme qui avait fait tant de mal et qui allait en faire tant encore, — possédait une nature absolument honnête.

Effacez de la vie de Blanche le crime du pair d'Angleterre, à Douglas-Park, — supprimez la fanfaronne et lâche infamie du comte de Nancey à Ville-d'Avray, — mariez mademoiselle Lizely, vierge et chaste, à un honnête homme aimé d'elle, et nous affirmons qu'elle aurait été la plus fidèle des épouses, la plus irréprochable des mères de famille.

Dans l'existence excentrique, décousue, souvent scandaleuse, que s'était faite la comtesse de Nancey, laissant tout dire, écoutant tout, souriant à tout, sans cesse entourée d'hommes que sa beauté grisait et qui ne le lui cachaient point, elle passait insouciante et froide au milieu des flammes, comme la salamandre allégorique du Roi gentilhomme.

Haïssant son mari de toutes ses forces et fermement résolue à lui rendre le mal pour le mal, pas une seule fois elle ne s'était dit que la trahison est la plus facile et la plus complète des vengeances féminines.

Elle voulait faire souffrir M. de Nancey. — Elle ne songeait point à le tromper...

D'ailleurs, ne sentant plus son cœur battre, elle le croyait mort. — Il n'était qu'engourdi...

Ce fut donc avec une sorte de stupeur que Blanche s'aperçut qu'un élément nouveau venait de s'introduire dans son existence entourée de mouvement et de bruit, mais en réalité singulièrement et douloureusement vide.

La physionomie originale et bien accusée de Grégory commençait à se détacher pour elle sur la foule incolore et monotone des cocodès, dont la nullité prétentieuse mettait énergiquement en relief la valeur personnelle du Valaque.

Blanche pensait à lui souvent, — presque sans cesse. — Sa présence devenait un besoin pour elle. — Le matin, sa main nerveuse tourmentait la bouche si délicate de sa jument *Norma* jusqu'au moment où la silhouette du hardi cavalier et celle de son cheval russe apparaissaient à l'horizon. — Le soir, au spectacle, à peine installée, elle cherchait des yeux le prince dans la salle, et se sentait prise d'une sorte de fièvre quand elle entendait s'ouvrir derrière elle la porte de la loge dont il allait franchir le seuil.

Enfin aux réceptions du jeudi, aussi longtemps que Grégory n'était point arrivé, les salons lui semblaient déserts, même lorsqu'une pléiade d'illustrations de bon aloi se mêlait à la foule élégante qui les remplissait.

Blanche avait acquis, hélas! et d'une façon bien douloureuse, l'expérience de la vie et de la passion.

Elle ne se méprit pas longtemps sur la nature des sentiments qui l'agitaient et qui devenaient plus accentués de jour en jour et pour ainsi dire d'heure en heure.

Les événements accomplis depuis deux ans avaient éteint chez elle la notion du sens moral. — Pouvait-il en être autrement? — Donc elle ne s'effraya point en lisant dans son cœur.

Elle aimait Grégory... — Amour coupable, amour défendu!... — Qu'importait cela?...

— Oui, certes, je l'aime! — se dit-elle avec une sorte de défi. — Pourquoi lutterais-je, et pour qui?... — A l'homme qui m'a fait jadis la plus ineffaçable injure qu'une femme ait jamais subie, je ne dois rien!... — Je suis le créancier de cet homme et non son débiteur... — L'amour qui naît en moi l'offense... Eh bien! après? Cet amour est une revanche! Qu'il soit le bienvenu!

Et madame de Nancey n'eut désormais qu'une préoccupation, celle-ci: Le prince Grégory partageait-il réellement, sérieusement, la passion qu'il inspirait? — Fallait-il voir autre chose qu'une galanterie banale, une fantaisie d'homme du monde pour une femme belle et séduisante, dans la cour assidue qu'il faisait à cette femme ?...

Lorsqu'une fille d'Ève se pose une semblable question, il est à peu près sans exemple qu'elle n'y réponde point d'une manière affirmative.

La comtesse ne fut point une exception à la règle générale. — Elle ne douta que pour la forme et se démontra bien vite qu'elle était ardemment et sincèrement aimée.

Nous devons ajouter que le Valaque, — comme s'il eût été doué en effet de ce don de seconde vue que la comtesse lui attribuait en riant le jour de leur première rencontre, — semblait déchiffrer avec une facilité merveilleuse ce qui se passait dans cet esprit inquiet et dans ce cœur agité.

A mesure que Blanche se trouvait plus vivement entraînée vers lui, il redoublait d'assiduités. — Ses regards expressifs disaient avec une éloquence entraînante ce que le respect, sans doute, défendait à ses lèvres de traduire,—Enfin, un soir, — et ce fut décisif, — se trouvant pendant quelques secondes seul avec la comtesse dans sa loge, à l'Opéra, il lui prit des mains le bouquet de violettes de Parme et de boutons de roses blanches qu'elle portait et, se penchant vers cette gerbe embaumée comme pour en mieux respirer les parfums, il glissa parmi les fleurs une petite enveloppe satinée dont il eut soin de laisser passer un angle. — Cette manœuvre, faite avec la promptitude et la dextérité d'un homme à bonnes fortunes émérite, il rendit le bouquet à la comtesse et sortit aussitôt de la loge.

Un romancier qui eut son jour de célébrité et dont les œuvres, quoique inégales, se recommandent par des qualités de premier ordre, Léon Gozlan, a formulé cet aphorisme qui nous paraît indiscutable, quoiqu'en contradiction flagrante avec les plus simples lois physiques : « *Les femmes voient avec leurs épaules.* »

Il est certain que madame de Nancey, fort occupée en apparence de ce qui se passait sur la scène, n'avait perdu aucun des mouvements du Valaque et savait que dans son bouquet elle allait trouver une lettre.

Sans perdre une seconde, elle laissa tomber son mouchoir et se baissa pour le ramasser.

Quand elle se releva, le billet de Grégory avait échangé sa prison de fleurs contre une autre prison plus charmante encore et non moins parfumée...

Les cocodès se succédèrent comme de coutume dans la loge, le baron d'Alban en tête; mais, ce soir-là, Blanche écouta sans se dérider un instant leurs plus étonnantes calembredaines, leurs plus drolatiques facéties, et ne leur donna point la réplique.

— Ah çà! comtesse, qu'avez-vous donc? — lui demanda le petit baron.

— La migraine..., — répondit-elle.

Et cette migraine, si subitement advenue, fut un prétexte qui lui permit de quitter l'Opéra longtemps avant la fin du spectacle.

Rentrée chez elle, elle refusa les services de sa femme de chambre, poussa les verrous de toutes ses portes et dévora la lettre du prince.

Cette lettre, où le feu débordait sous les formes les plus respectueuses, était très-habilement faite, en ce sens qu'il semblait difficile de n'y point répondre, ne fût-ce qu'une ligne.

Après avoir posé tout au long que son amour, étant sans espoir, ne demandait rien, n'attendait rien, Grégory, par une contradiction soudaine propre à trahir le désordre d'un esprit que la passion bouleverse, déclarait que si la comtesse, offensée par un aveu qu'il n'avait pu contenir, lui retirait sa bienveillance, le courage de vivre à Paris plus longtemps lui ferait absolument défaut! — Il partirait donc pour ne plus revenir et s'en irait cacher bien loin, dans les immenses solitudes du pays où ses ancêtres avaient été presque rois, le deuil sans fin de son cœur brisé...

Et il terminait par ces lignes :

« De toutes les souffrances que je prévois, et que j'aurai méritées peut-être, il en est une au moins, madame, qu'il dépend de vous de m'épargner, et la pitié sans doute vous inspirera de le faire. — Cette souffrance, vous le devinez, c'est l'angoisse de l'incertitude...

« Faut-il rester? — Faut-il partir? »

Grégory, le lendemain, ne monta point à cheval et resta chez lui.

Dans l'après-midi, son valet de chambre lui remit une lettre qu'un commissionnaire venait d'apporter.

— Ecriture inconnue, mais évidemment féminine, d'une rare élégance et d'une merveilleuse distinction ! — murmura le prince en examinant son nom et son adresse tracés sur l'enveloppe ; — à coup sûr, c'est de la comtesse... — Elle répond, donc tout va bien !... Voyons un peu...

Après avoir fait tomber la cendre de son cigare, d'un air de parfaite insouciance, il trancha avec la lame d'un canif la partie supérieure de l'enveloppe, et cela méthodiquement, sans se presser, avec un calme absolu, bien difficilement explicable chez l'auteur de la lettre si passionnée du soir précédent.

La feuille de papier tirée de l'enveloppe contenait ces trois mots sans signature :

« NE PARTEZ PAS. »

— A merveille ! — J'en étais sûr ! — reprit Grégory en enfermant dans un petit coffret d'acier le billet, très-significatif malgré son extrême laconisme. — Le diable m'emporte maintenant si je prévois qu'un obstacle sérieux puisse se placer entre le but et moi !... Il ne s'agit que de jouer serré ! — Avant quinze jours je serai maître de la situation, et le rôle de Cleveland commencera.

Le même soir, lettre nouvelle où la reconnaissance débordait à côté de l'expression, plus ardente encore que la veille, d'une passion que rien ne pouvait contenir. — Le lendemain, réponse de la comtesse, non en trois mots cette fois, mais en trois lignes.

Bref, une correspondance quotidienne d'une parfaite régularité s'établit entre le prince et madame de Nancey. — Ce qui ne les empêchait point de se rencontrer deux fois par jour, au bois de Boulogne et au théâtre, et de se répéter, dans un échange de regards et de sourires, dans une furtive étreinte de deux mains frémissantes, dans un mouvement des lèvres murmurant tout bas quelque phrase saisie au vol, les jolies choses qu'ils s'étaient écrites.

* * *

Nous avons entendu Grégory s'accorder à lui-même un délai de quinze jours pour arriver au résultat qu'il se proposait d'atteindre et dont nos lecteurs ne devinent assurément qu'une partie.

Il se trompait de quelque chose, — mais pas de beaucoup, — car un matin, au bout de trois semaines, une citadine mystérieuse à stores baissés s'arrêta devant la maison du boulevard Haussmann, où le Valaque occupait un petit appartement à l'entresol.

Une femme très-simplement mise, le visage caché sous un épais voile, descendit de cette voiture et s'engagea dans l'escalier qu'elle gravit d'un pas rapide.

Grégory attendait derrière sa porte entr'ouverte.

— Vite ! vite ! — dit-il, — venez !

L'inconnue franchit le seuil, la porte se referma derrière elle et ne se rouvrit qu'au bout d'une heure pour la laisser sortir...

La femme voilée remonta dans sa citadine, se fit conduire à la Madeleine, paya le cocher, traversa l'église, prit un coupé sous une remise de la rue Tronchet, — descendit de nouveau au Palais-Royal, — monta dans une troisième voiture, et, certaine d'avoir dépisté les espions — (si des espions l'avaient suivie), — mit son voile dans sa poche et découvrit ainsi le visage de la comtesse de Nancey.

XIII

LA SALLE D'ARMES.

L'entresol occupé par Grégory dans une des plus belles maisons du boulevard Haussmann n'avait rien de princier, — mais nous savons que cet appartement n'était qu'un pied-à-terre.

Il se composait d'une antichambre, d'un salon assez vaste, d'un fumoir, d'une salle à manger, — où le Valaque mangeait bien rarement, — d'une chambre à coucher à laquelle attenait un grand cabinet de toilette, et d'une autre pièce dont nous connaîtrons bientôt la destination.

L'ameublement du salon, de la salle à manger et du fumoir, quoique élégant et non dépourvu d'un certain cachet artistique, ne mérite pas les honneurs d'une description détaillée.

La chambre à coucher, tendue de cretonne capitonnée de style Pompadour, et garnie de sièges couverts de la même étoffe, manquait absolument de sérieux ; mais on ne pouvait imaginer quelque chose de plus coquet, de plus réjouissant à l'œil, et surtout de plus féminin. — En foulant le tapis épais de cette pièce, où des parfums trop capiteux saturaient l'atmosphère, on se serait cru transporté dans le cabinet de travail d'une de ces jolies personnes à qui, — s'il faut en croire une

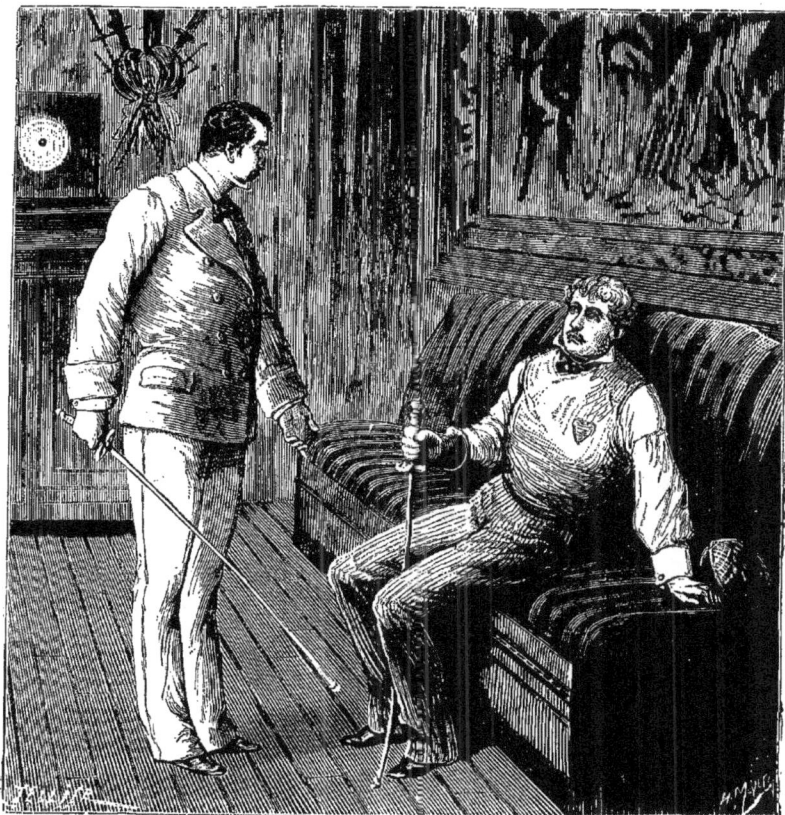

— Tu sembles fatigué, mon fils... — fit Gregory de sa voix railleuse. — Page 61.

chanson trop connue, — il sera beaucoup pardonné parce qu'elles auront beaucoup aimé.

Le cabinet de toilette était du même style et de la même école. — Toutes les recherches, toutes les superfluités du moderne confort s'y trouvaient réunies. — Le chiffre et la couronne du prince étincelaient, peints ou gravés, sur les porcelaines, sur les montures d'ivoire des brosses de toutes les tailles, sur les flacons de cristal remplis d'eaux de senteur, sur les boîtes d'argent où les houppes de duvet de cygne dormaient au sein de la veloutine, etc., etc.

La dernière pièce du logis, — celle dont nous avons promis de parler, — offrait un caractère tout spécial et qui n'était pas efféminé, tant s'en faut.

De vieilles tapisseries des Flandres à personnages mythologiques couvraient les murailles. — De longs divans, très-bas, à la mode orientale, laissaient absolument vide le milieu de la chambre.

Une console, placée entre les deux fenêtres, supportait des boîtes à pistolets de toutes les formes, depuis le pistolet de tir — grand modèle — jusqu'aux pistolets de salon.

Ces derniers ne devaient point rester sans emploi, à en juger du moins par une petite cible à cercles rouges et blancs, avec sa mouche noire au centre, campée sur son pied de palissandre en face de la console.

Le long de la tapisserie, dans dix endroits, se voyaient des trophées de fleurets mouchetés et démouchetés, de sabres, d'épées de combat, de gants, de masques, de plastrons, — tout l'appareil de l'escrime enfin, comme dans la mieux installée des salles d'armes.

C'est qu'en réalité le Valaque avait fait une salle d'armes à son usage particulier de la pièce que nous venons de décrire, et dont nous allons franchir le seuil, en compagnie de nos lecteurs, le lendemain du jour où la comtesse de Nancey, voilée mais résolue, était entrée furtivement pour la première fois chez l'homme qu'elle aimait ou du moins qu'elle croyait aimer, ce qui, — dans certains cas, — revient absolument au même.

Huit heures du matin sonnaient à la petite pendule de Boule placée sur la cheminée de la salle d'armes.

Grégory et Cleveland, — l'un debout, l'autre assis, — tous deux un fleuret à la main, se reposaient après un assaut.

Le prince, — entièrement vêtu de flanelle blanche et chaussé de sandales, — ne portait ni masque, ni gant, ni plastron.

Sa figure était calme et reposée, sa respiration égale ; — pas une goutte de sueur ne perlait à la racine de ses cheveux. — On eût dit qu'il venait de quitter son lit.— Il regardait Cleveland en souriant.

Le jeune Anglais, — à demi étendu sur le divan et la poitrine protégée par le classique plastron de peau de daim rembourrée, — avait ôté son masque et, tout essoufflé, essuyait son visage ruisselant et cramoisi.

— Tu sembles fatigué, mon fils..., — fit d'une voix railleuse Grégory, qui tutoyait Cleveland dans l'intimité.

— Je suis brisé... moulu ! — répondit l'Anglais. — Je n'en puis plus... J'expire...

— Eh bien ! je t'accorde cinq minutes de repos...

— Comment ! — Nous allons recommencer ! — s'écria le jeune homme avec épouvante.

— Certes ! Nous recommencerons jusqu'à ce que tu saches sur le bout du doigt le coup que je veux t'apprendre... — Donc il s'agit de t'appliquer... sinon, nous n'en finirons pas...

— En vérité, Grégory, vous me faites faire un métier trop dur ! — J'ai envie d'y renoncer...

Le Valaque fronça les sourcils.

— Y renoncer?... — Qui t'en empêche ? — demanda-t-il avec ironie.

— Eh ! vous le savez bien..., — murmura Cleveland.

— Oui, oui, je sais..., — reprit Grégory en riant, — ce diable d'argent qui fait défaut !... — Sans moi, mon cher, comment vivrais-tu ? — Fort mal, ou plutôt pas du tout ! — Eh bien ! puisque tu ne peux te passer de ton ami, résigne-toi donc à subir un travail qui n'a rien de pénible, et ne dis plus de lourdes sottises...

— Si, au moins, vous vous montriez un peu plus prodigue avec moi... vous qui l'êtes tant avec tout le monde..., — insinua l'Anglais.

— Que te manque-t-il, jeune insensé? — répliqua Grégory. — Je connais des fils de famille qui seraient heureux à ta place.

Cleveland poussa un gros soupir, mais n'osa protester tout haut.

— Ne fais-tu pas figure à Paris ? — continua le Valaque.

— Oh ! bien modestement.

— Ne loges-tu pas au Grand-Hôtel, ce qui est d'un chic énorme ? — Ne prends-tu pas ta nourriture, matin et soir, dans les meilleurs endroits, sans que le soin de solder l'addition te regarde jamais?... — Tu fumes des cigares exquis ! — Tu es vêtu comme un fils de lord, chaussé à miracle, ganté de frais !... — Tu as toujours un ou deux louis dans ta poche... — Encore une fois, que te manque-t-il?...

Cleveland poussa un nouveau soupir, beaucoup plus corsé que le premier.

— Vous savez bien que je suis amoureux..., — balbutia-t-il.

— Et même je connais ton idole... une belle fille, assurément, cette Clorinde, quoiqu'un peu trop Flamande à mon gré... Mais les Rubens ont leur raison d'être...

— J'ai fait causer la femme de chambre..., — poursuivit l'Anglais avec feu... — Ça m'a même coûté deux louis... — Clorinde me voit d'un œil favorable. — Il suffirait d'un joli cadeau pour m'assurer tout à fait sa bienveillance... La femme de chambre me l'a répété dix fois... — Clorinde adore les bijoux et justement elle a remarqué, chez un marchand de la rue de la Paix, un bracelet qui lui donne envie... — « *Le jour où vous apporterez ce bracelet,* — m'a dit la femme de chambre, — *vous serez content de madame.* » — J'ai marchandé le bracelet.

— Et il coûte !...

— Deux mille écus... C'est énorme, je le sais... Mais Clorinde est si belle !

— Tu auras tes deux mille écus, mon fils, et beaucoup plus, je te le promets, seulement il s'agit de les gagner ! Le jour où notre affaire sera faite, tu t'endormiras à ton aise dans les délices de Capoue ; mais jusque-là, jeune voluptueux, je n'aurai garde de compromettre par une complaisance imprudente la solidité de tes muscles et l'élasticité de tes nerfs. Les cinq minutes sont écoulées. Allons... allons... debout et en garde !

Cleveland quitta le divan, essuya de nouveau son front, rajusta son masque, remit son gant, fit plier son fleuret et se campa dans une attitude très-correcte en face du prince Grégory.

Ce dernier débuta par répéter, pour la vingtième fois peut-être et d'une façon parfaitement claire, l'explication du coup difficile.

— Est-ce compris, voyons ? — demanda-t-il quand il eut achevé.

— C'est compris..., — répondit l'Anglais.

— Alors il ne s'agit plus que d'exécuter... — Exécutons...

Les fleurets s'engagèrent et l'assaut commença.

Il s'agissait d'une de ces *bottes secrètes*, rapides, imprévues, qui déjouent les savantes combinaisons de l'escrime, déconcertent le tireur le plus habile et mettent pour ainsi dire sa vie à la discrétion d'un spadassin.

La description de ce coup, très-compliqué d'ailleurs, ne pouvant être comprise que par des maîtres en fait d'armes, nous nous garderons bien de l'entreprendre.

Il nous suffira de dire à nos lecteurs que Cleveland, après quelques tâtonnements, vint enfin à bout de réussir ce que le Valaque attendait de lui. — La botte secrète fut portée avec une précision foudroyante. — Le bouton du fleuret toucha Grégory en pleine poitrine, et telle fut la violence du choc que la lame d'acier vibra.

— Bravo ! — s'écria le prince, sans se préoccuper de la vive douleur qu'il ressentait à l'endroit meurtri. — Bravo, mon fils !... tu as un rude poignet... Peste ! Recommençons...

Maintenant que Cleveland avait, comme on dit vulgairement, *le coup dans la main*, la chose allait toute seule.

Trois fois de suite, en quelques minutes, le résultat obtenu fut identique.

— En voilà assez pour aujourd'hui, — dit Grégory en déposant son fleuret, —

tout va bien ! — J'ai des renseignements exacts. — Le comte de Nancey est d'une très-jolie seconde force, mais, grâce à ce petit jeu de fantaisie que tu possèdes maintenant aussi bien que moi, tu lui feras son affaire en quinze secondes !

Cleveland, qui venait d'ôter son masque avec la plus vive satisfaction, regarda son interlocuteur d'un air ahuri.

— Le comte de Nancey? — répéta-t-il. — C'est avec le comte de Nancey que je dois me battre?

— Tu ne t'en doutais pas?...

— Mon Dieu, non.

— Eh bien ! c'est avec lui.

— Mais pourquoi?

— Pour gagner ton argent, pardieu !... et pour mettre le prix à l'amour de Clorinde ! — Cette double raison doit te suffire, je suppose...

— Elle me suffit... — Mais il me semble que pour se battre il faut un motif... un prétexte du moins...

— Il y en aura un...

— Lequel?

— Oh! mon Dieu, le meilleur de tous. M. de Nancey t'insultera.

— Vous croyez? Mais je le connais à peine, et je le comble de politesses quand nous allons chez lui le jeudi...

— Je te dis qu'il t'insultera, qu'il te provoquera... Je m'en charge.

— Ah çà ! mais vous le haïssez donc bien, ce pauvre comte?

— Je ne le hais pas le moins du monde.

— Alors pourquoi voulez-vous que je le tue?

— Parce qu'il me gêne...

— Il vous gêne pour aimer sa femme?

— Point du tout pour aimer sa femme..., — répondit carrément le prince, — beaucoup pour épouser sa veuve!...

Cleveland resta stupéfait.

— Bientôt dix heures, — ajouta Grégory, — je vais m'habiller, nous irons déjeuner ensemble, et l'on m'amènera mes chevaux au café Anglais, car on m'attend au bois ce matin.

Une heure après la scène que nous venons de mettre sous les yeux de nos lecteurs, le Valaque rejoignait la comtesse de Nancey près du rond-point de l'Étoile, et se disait en l'abordant :

— Oui, ce sera une jolie veuve, — et, ce qui vaut mieux, une riche veuve!!!

XIV

UN ENTR'ACTE AUX CAPRICES-PARISIENS.

Depuis quelques jours le *Tout-Paris*, pour qui certaines premières représentations sont un événement de grande importance, s'occupait de la prochaine apparition, au *Théâtre des Caprices-Parisiens*, d'un opéra bouffe en trois actes qui, s'il
fallait en croire les *on-dit*, dépassait de beaucoup en excentricités les opérettes les
plus osées et les mieux réussies.

Le titre de l'œuvre nouvelle était à lui seul une promesse.

Ce titre : *les Poules de la Cochinchine*, s'étalait en lettres grasses de diverses
couleurs sur les colonnes-affiches des boulevards et sur les murailles de tous les
quartiers.

Les auteurs du *poëme* avaient dès longtemps fait leurs preuves. — Mieux que
personne ils possédaient l'art de semer à pleines mains la gaieté parisienne dans
les sujets antiques, et de mettre — (chose rare) — de l'esprit dans la folie. — Les
situations les plus scabreuses, en passant par leurs mains, devenaient acceptables,
et si parfois les femmes du monde se voilaient de leur éventail en voyant *cascader
la vertu* des déesses du vieil Olympe, l'éventail déployé par contenance cachait un
sourire et point une rougeur.

L'auteur de la partition... — Mais nous nous arrêtons ici... Parler de lui est
bien difficile. — Si nous disions qu'il était le créateur inimitable d'un genre
devenu populaire, qu'il ne comptait plus ses succès et que la musique bouffe,
brillante, élégante, spirituelle, s'incarnait absolument en lui, tout le monde le
reconnaîtrait, et sa modestie — peut-être — ne nous pardonnerait point de l'avoir
ainsi désigné.

On parlait à l'avance d'un luxe inouï de mise en scène.

Mademoiselle Clorinde, — l'étoile des *Caprices-Parisiens*, — devait naturellement
remplir le rôle principal.

La veille de la première représentation, Cleveland, en rejoignant Grégory pour dîner avec lui au café Anglais, avait la mine effarée d'un homme qui se trouve sous le coup d'une grande infortune...

— Qu'y a-t-il donc? — lui demanda le Valaque. — Que vous arrive-t-il?

— Il m'arrive que c'est demain,... — répondit l'Anglais.

— Quoi, demain...?

— La première des *Poules de la Cochinchine*...

— Eh bien?

— Clorinde jouera là-dedans la reine *Coricodète XXIV*.

— Après? — Ce que vous venez de me dire ne constitue point un malheur.

— Le malheur, le voici : — Je suis allé tantôt au bureau de location pour retirer mon fauteuil habituel... n° 11, premier rang... — On m'a répondu que le service de la presse et les agences des théâtres avaient tout absorbé, et qu'il ne restait rien à louer, rien... rien... pas même un strapontin... — J'ai couru, comme bien vous pensez, à l'office du boulevard des Italiens. — On avait encore deux fauteuils... — Je les ai retenus... l'un pour vous et l'autre pour moi...

— Tout est donc pour le mieux...

— Hélas, non!... car le prix de chaque fauteuil est de trois louis... un gros chiffre! — Total, six louis... et si vous ne me les donnez pas...

— Les voici, — interrompit le prince en riant, — il serait trop cruel de ne vous point faire assister au triomphe probable de votre idole... — Allez prendre nos places et revenez dîner...

Cleveland, ivre de joie, remercia chaleureusement Grégory, puis, muni des six pièces d'or, courut chercher le talisman qui, sous forme de deux coupons du vert le plus tendre, lui devait ouvrir les portes du paradis de ses rêves.

Ce récit parisien, — publié dans le plus parisien des journaux (1), — manquerait à tous ses devoirs s'il ne conduisait ses lecteurs, le lendemain soir, au théâtre des *Caprices-Parisiens*.

L'entr'acte qui suivit le lever de rideau et précédait la grande pièce allait finir dans quelques minutes.

Une foule superlativement élégante et choisie remplissait la salle coquette, resplendissante de dorures, éblouissante de lumières, digne enfin d'une de ces *solennités* dramatiques dont *Froufrou* met si vivement en relief les incidents mondains dans ses piquantes photographies des premières représentations.

(1) *Le Figaro.*

Aux fauteuils d'orchestre les chroniqueurs de théâtre et les *lundistes*, les uns souriants, les autres graves — (ainsi qu'il convient à des juges qui vont peut-être prononcer un arrêt de mort). — Puis les diplomates, les banquiers, les agents de change, les membres de la commission d'examen, les gens célèbres, dont on imprime le nom le lendemain dans le compte rendu de la pièce, et le clan des gilets en cœur...

A la galerie, une guirlande de toilettes un peu tapageuses et de chapeaux des grandes faiseuses, portés par de jolies personnes, pour la plupart princesses de la rampe...

Dans les loges, les grands journaux, représentés par leurs propriétaires ou par leurs rédacteurs en chef, — les femmes du vrai monde, et les illustrations, trop souvent chevronnées, du demi-monde.

La comtesse de Nancey occupait une avant-scène de rez-de-chaussée. — Son énorme bouquet de violettes de Parme et de boutons de roses blanches, pareil à celui dans lequel Grégory avait glissé son premier billet, était posé sur le rebord de sa loge.

Le petit baron d'Alban, centre d'un groupe de cocodès, trônait au milieu de l'orchestre, — tournant le dos à la scène, visant tous les jolis visages avec le double canon de sa jumelle de gros calibre, envoyant du bout des doigts de petits saluts familiers à droite et à gauche, à la galerie, et s'écriant de temps en temps :

— Quelle salle, mes enfants ! quelle salle ! — Un relief inouï ! C'est épatant ! — Bonsoir, chère ! bonsoir... — Ah ! je crois que nous allons rire !

Cleveland, placé à côté de Grégory au quatrième rang des fauteuils, ne disait mot et semblait se recueillir pour mieux savourer ses prochaines émotions.

Le prince échangeait de mystérieux signaux avec la comtesse, qui lui avait enjoint de venir la voir dans sa loge après le premier acte de la pièce nouvelle.

Paul de Nancey, caché dans une baignoire dont le grillage était relevé, dévorait Blanche du regard ; — il frissonnait de colère jalouse en lui voyant un sourire aux lèvres et une flamme dans les yeux, et il s'efforçait de deviner, mais sans en venir à bout, à qui s'adressaient cette flamme et ce sourire...

Pourquoi le comte, se trouvant au même théâtre que sa femme, ne partageait-il pas sa loge ?

Rien n'est plus simple. — Instruit par hasard que madame de Nancey occuperait une avant-scène, il avait acheté, à un prix invraisemblable, la baignoire au fond de laquelle il se blottissait. — Depuis plusieurs jours un redoublement de défiance s'était emparé de lui. — Sans formuler contre Blanche une accusation

— Quelle salle, mes enfants ! quelle salle ! — Un relief inouï ! C'est épatant ! —(Page 72.)

positive — (les preuves manquant), — il la soupçonnait. — Il remarquait un changement manifeste dans ses allures. — Elle usait d'une façon toute différente de cette liberté sans limites dont elle avait su s'emparer au lendemain de leur mariage. — Elle qui jamais, auparavant, ne sortait qu'à cheval ou en voiture, accompagnée et par conséquent surveillée par ses valets, quittait maintenant l'hôtel à pied, d'une façon presque furtive, et restait longtemps dehors...

Où allait-elle?

La jalousie de Paul, surexcitée par cette question à laquelle il ne pouvait répondre, l'avait conduit jusqu'à l'espionnage. — Deux ou trois fois il s'était embusqué au détour d'une rue pour suivre sa femme. — Il l'avait vue monter dans le premier fiacre qui passait, et descendre à la porte d'une église; mais à coup sûr l'église n'était qu'un prétexte, car la comtesse vainement cherchée ne s'y trouvait plus quand il y pénétrait sur ses traces.

Encore une fois, où donc allait-elle? — Cette énigme insoluble torturait M. de Nancey. — Il voulait savoir à tout prix et, le courage lui faisant défaut pour tourner contre la seconde comtesse de Nancey l'arme qui avait tué la première, il aspirait à se venger au moins sur son complice.

Paul ne doutait point que l'homme distingué par Blanche, — si véritablement cet homme existait, — dût se trouver ce soir-là au théâtre des Caprices-Parisiens. Peut-être la comtesse, ne se sachant pas observée, se trahirait-elle par un geste imprudent, par un regard trop expressif... — Il faut si peu de chose pour changer un doute en conviction et pour mettre un jaloux sur la piste qui doit le conduire à la certitude de son malheur!...

Ce triste espoir avait amené M. de Nancey à la première représentation des *Poules de la Cochinchine...*

Quelques minutes s'étaient écoulées.

Le bourdonnement confus qui remplit une salle à la fin d'un long entr'acte diminuait peu à peu. — Les spectateurs s'asseyaient et frottaient les verres de leurs jumelles avec la peau de leurs gants ou la batiste de leur mouchoir. — Les retardataires se hâtaient de prendre place.

Le chef d'orchestre, en habit noir, en cravate blanche et l'air sérieux, venait de s'installer dans le haut fauteuil de basane rouge qui lui servait de trône. — Il brandissait fièvreusement son archet. — Les contre-basses, les altos, les violons s'accordaient. — Les hautbois, les cornets à piston, les petites flûtes, les formidables instruments de Sax, laissaient échapper des sons vagues sous les lèvres dont le souffle, quelques instants plus tard, allait les animer. — C'était un tohubohu bizarre, une inextricable cacophonie...

Un tintement de sonnette se fit entendre derrière le rideau.

Le silence se fit aussitôt, dans l'orchestre du public comme dans celui des musiciens. — Le moment solennel allait arriver.

Les trois coups traditionnels, — ces trois coups qui datent des représentations de l'hôtel de Bourgogne, — furent frappés à intervalles égaux.

Le chef d'orchestre heurta son pupitre avec le bois de son archet. — C'était le signal. — L'ouverture commença.

Elle était charmante, cette ouverture, légère et gaie, un peu bizarre, très-colorée et pleine de ces motifs qui se gravent si facilement dans la mémoire et qu'on entend, huit jours après, résonner sur tous les pianos, à tous les étages, dans toutes les maisons de Paris. — C'est même là, soit dit entre nous, le mauvais côté de la chose.

L'ouverture s'acheva au milieu des applaudissements de la salle entière, et le rideau se leva sur le décor du premier acte des *Poules de la Cochinchine.*

XV

LES DIAMANTS DE CORICODÈTE.

Que nos lecteurs soient sans inquiétude. — Ce chapitre ne sera point un feuilleton de théâtre, et nous ne dirons de l'opérette nouvelle que le peu qu'il en faudra dire pour la clarté de notre récit.

Le décor, peint par Chéret, représentait un site de haute fantaisie, un paysage cochinchinois, ou plutôt un paysage du pays des rêves, avec des arbres aux feuilles d'or couverts de fleurs de pourpre et d'azur, comme il n'en a jamais poussé que sur les ventres rebondis des potiches de vieux Japon.

Des maisonnettes en forme de cages, des perchoirs aux vives couleurs, indiquaient que cette clairière merveilleuse était le poulailler des poules de la Cochinchine.

Les poules, en effet, choisies parmi les plus fringantes choristes des théâtres où trône l'opérette, se groupaient dans des attitudes gracieusement maniérées, et préparaient leurs armes pour le grand combat que, sous les ordres de leur reine *Coricodète,* elles allaient livrer aux coqs de Poutra-Bramah.

Des chants guerriers et des pas de caractère — (dont le tableau de la *Danse des*

Nymphes, qui fait émeute au Salon de cette année, donnerait une assez juste idée), — entre-coupaient ces apprêts belliqueux.

Une fanfare provocante, sonnée par des cuivres à la cantonade, annonçait l'approche de l'ennemi que l'on n'attendait pas sitôt. — Les cocottes surprises, mais non point effrayées, se rangeaient aussitôt en ordre de bataille, et l'avant-garde de l'armée à crêtes rouges, envahissant la scène, les trouvait sur la défensive.

Alors commençait un ensemble brillant, tapageur et d'une verve endiablée. Les coqs de Poutra-Bramah, — tout à fait bons enfants, — répondaient par une déclaration d'amour à la déclaration de guerre des poules de la Cochinchine.

Cet ensemble, magistralement comique, était agrémenté de *ko-ko-ri-cos* d'un joli style, et de certains *cot-cot-co-cotte*, destinés à faire leur chemin dans le monde.

MM. les coqs avaient une si fière prestance, un chant si mâle et si tendre à la fois, que mesdemoiselles les poules mollissaient visiblement ; — divers traités d'alliance intime semblaient au moment de se conclure, et sans nul doute un hymne à Vénus allait remplacer l'hymne à Bellone, quand la reine Coricodète s'élançait soudain entre ses amoureux ennemis et ses faibles sujettes, et sa présence inattendue remettait tout en question...

Coricodète, c'était Clorinde.

Une belle fille ! — avait dit Grégory.

Oui, très-belle ! — le poëme de la chair ! — poëme éblouissant sous le costume de poule huppée qui permettait d'en détailler les strophes. — « *Un Rubens !* » — avait ajouté le Valaque. — Sans doute, mais un Rubens de la meilleure époque du maître... — Une déesse bien nourrie, ciselée en plein marbre rose ; — un type absolument complet de bonne santé, de bonne humeur et de gaieté bruyante.

Grande et potelée, — un peu trop peut-être, — Clorinde offrait aux admirateurs de la beauté plastique des épaules et des bras d'une forme superbe, des jambes irréprochables dans le maillot de soie bien tendu, des extrémités élégantes et, sur un buste plantureux, un museau chiffonné, point régulier, mais drôle, éclairé par de grands yeux rieurs et coquins, et couronné par des cheveux roses.

Cette nuance étrange, — hâtons-nous de le dire, — n'était point un caprice de la nature.

Clorinde avait reçu de sa mère une luxuriante chevelure brune et s'en était contentée longtemps ; puis, un beau matin, — la mode des chignons rouges et des chignons dorés ayant pris force de loi dans le monde galant, — la jeune femme avait compris qu'il fallait, sous peine de déchéance, s'accommoder au goût du jour.

Seulement l'originale créature, voulant se singulariser à tout prix, avait obtenu d'un chimiste anglais une teinture spéciale — dont on n'aurait pu se procurer un flacon dans le commerce même au poids de l'or, — et qui lui faisait les cheveux roses que nous venons de signaler.

Ses bonnes amies la *blaguaient* tout haut — (nous demandons grâce pour le mot) — et la jalousaient tout bas.

Voilà pour la femme. — Comme artiste, Clorinde occupait une place à part et pas très-élevée. — On ne pouvait dire qu'elle eût du talent, mais elle y suppléait par un je ne sais quoi qui prenait la foule, car son action sur le public était incontestable.

La souplesse et la limpidité manquaient à sa voix. — Ses aptitudes de comédienne ne rappelaient en rien le jeu fin, distingué, exquis, d'Hortense Schneider, qui fait passer et fait applaudir, à force de tact et d'esprit, les gauloiseries les plus risquées.

Clorinde avait, de parti pris, l'allure grivoise et le geste canaille ; — elle appuyait au lieu de glisser, et *soulignait* les mots déjà trop raides.

Chanter des couplets épicés au piment de Cayenne, et se montrer au public aussi peu vêtue que possible, voilà les deux choses que Clorinde aimait le plus au monde, — au théâtre, bien entendu.

Et le public, reconnaissant du bon vouloir de Clorinde à son endroit, l'encourageait en l'applaudissant. — Son nom sur l'affiche, *en vedette*, faisait de l'argent.

Une triple salve de bravos accueillit l'entrée en scène de la reine Coricodète. — Le clan des cocodès trépignait en battant des mains. — Cleveland frappait énergiquement le fond de son chapeau avec sa gigantesque jumelle et produisait le bruit d'une voiture roulant sous une voûte.

Clorinde s'avança jusqu'à la boîte du souffleur. — Elle s'inclina en souriant, mit la main sur son cœur, puis, approchant trois doigts de sa bouche, elle envoya des baisers aux fauteuils d'orchestre et aux avant-scènes, ce qui redoubla l'enthousiasme de ses nombreux amis.

Après cette petite ovation, elle regagna sa place entre les poules et les coqs, et se mit à jouer son rôle.

Le costume de Coricodète se composait de quelques plumes et de beaucoup de diamants. — Les plumes n'étaient point prodiguées, mais il y avait des diamants partout ; — dans les cheveux roses, — aux oreilles, — autour du cou, — sur les épaules, — aux poignets, — aux doigts, — au corsage. — Il y en avait même aux chevilles !...

Les diamants de Clorinde, nous l'avons dit, contribuaient notablement à sa célébrité. — Comme un général qui conquiert des croix nouvelles sur tous les champs de bataille, la commédienne avait rapporté des plus lointains pays ces trophées étincelants de ses victoires et conquêtes. Les uns venaient d'Amérique, d'autres de Londres, d'autres de Russie.

Le jour où elle *ferait sa vente*, Clorinde devait réaliser une très-confortable fortune, rien qu'avec ces petits cailloux brillants.

On savait si bien cela que le directeur d'une grande ville où la chanteuse était en représentation, voulant forcer les recettes qui faiblissaient, avait mis un jour sur l'affiche :

« *Mademoiselle CLORINDE, du théâtre des* CAPRICES-PARISIENS, *jouera ce soir* AVEC TOUS SES DIAMANTS. »

L'effet de cette annonce fut énorme. — Avant deux heures de l'après-midi, la salle entière était louée !

Le prince Grégory, confortablement installé dans son fauteuil d'orchestre à côté de Cleveland, lorgnait avec un intérêt singulier ces pierreries d'où jaillissaient, sous les feux combinés de la rampe et du lustre, des étincellements multicolores.

Quelques mots échangés entre ses voisins du côté gauche frappèrent son oreille et captivèrent tout à coup son attention.

— Certes, voilà de beaux diamants..., — disait à demi-voix l'un des spectateurs, — mais sont-ils vrais?... — On imite si bien aujourd'hui ces choses-là !

— S'ils sont vrais, monsieur? — répliquait l'autre. — Ah! je vous en réponds ! — Je m'y connais, monsieur, et je pourrais vous dire la valeur intrinsèque de chacun de ces brillants... — Ainsi j'estime quinze mille francs les deux boutons d'oreilles... J'en donnerai ce prix quand on voudra...

— En vérité !

— Oui, monsieur. — Je suis joaillier, rue de la Paix... — J'ai fait plus d'une affaire avec mademoiselle Clorinde... ou du moins pour son compte... — Il est vraisemblable que je livrerai à elle ou pour elle, prochainement, certain bracelet d'émail orné de trois diamants, dont elle a fantaisie... Mademoiselle Clorinde ne porterait rien de faux, monsieur... je vous en réponds... — C'est une personne qui se respecte !...

— Mais alors elle a sur elle des bijoux, dans ce rôle, pour une somme énorme...

— Pour six cent mille francs, au bas mot. — Trente mille livres de rentes dans les cheveux et sur les épaules, oui, monsieur...

— Il me semble qu'elle doit être sans cesse inquiète.... — Si on lui volait ses
diamants?...

— Ah ! le voleur ferait une belle affaire ! — et ce serait facile... — Ces dames
sont si imprudentes !

— Comment ?

— Elles passent leur vie à *trimbaler* un demi-million de bijoux dans le premier
sac-à-main venu, de chez elles au théâtre et du théâtre chez elles ; — elles empor-
tent ça, le soir, dans une voiture... souvent seules ! — Tout le monde le sait... Or
il y a des coquins partout et un mauvais coup est bientôt fait...

— Vous avez raison, monsieur, c'est une imprudence qui n'a pas de nom.

Tandis que s'échangeaient ces paroles aux fauteuils d'orchestre, l'opérette se
corsait. — La situation devenait drôlatique.

Les deux voisins de Grégory, captivés par le spectacle, se turent.

L'acte s'acheva au milieu des acclamations, — la pièce, dès le début, se posait
en succès.

Grégory quitta sa place et prit le chemin de l'avant-scène où madame de Nancey
l'attendait. — Leur tête-à-tête ne dura que quelques secondes, tout au plus le
temps de convenir d'un rendez-vous pour le lendemain. — Le baron d'Alban et
MM. de Lorey et de Crancé firent invasion...

— Comtesse, — dit le petit baron après les premiers compliments, — avez-
vous remarqué qu'il y a un mystère en face de vous ? Un mystère d'un chic épatant...

— Je n'ai rien remarqué, — répondit Blanche. — De quoi parlez-vous ?

— De la baignoire numéro 7, de l'autre côté, dont le grillage est resté levé
depuis le commencement du spectacle.

— Peut-être est-elle vide, cette baignoire.

— Ça manquerait de cachet, comtesse ! — Non... non... elle est occupée... très-
occupée ! — Il y a dedans des yeux qui brillent comme les diamants de Clorinde...
— Ce sont, j'en réponds, des amoureux en contravention qui donnent des coups
de canif dans le contrat d'un mari bon enfant... — Hein ! quel relief ! — A moins
encore que ce ne soit un jaloux qui se cache... et je la trouverais mauvaise... Dans
tous les cas, c'est renversant !...

Grégory, — placé sur le devant de la loge à côté de madame de Nancey, — lorgna
machinalement le grillage qui séparait du reste de la salle l'hôte ou les hôtes de la
baignoire...

Tout à coup il tressaillit.

— Qu'avez-vous vu, prince?—demanda Blanche, à qui ce mouvement n'avait point échappé.

—Rien, comtesse..., — répondit le Valaque, — le fond de la baignoire est sombre... il est impossible de distinguer...

Madame de Nancey n'insista pas.

Le Valaque laissa s'écouler deux ou trois minutes, quitta l'avant-scène, et, longeant le couloir circulaire qui dessert le rez-de-chaussée du théâtre, il se dirigea vers le côté opposé de la salle.

XVI

LE BILLET ANONYME.

La porte de l'orchestre faisant face à celle qui conduisait aux places occupées par le Valaque et par Cleveland était voisine de la baignoire numéro 7 et restait ouverte pendant l'entr'acte.

Presque tous les spectateurs avaient quitté leurs fauteuils pour aller causer au foyer ou faire des visites dans les loges. — Quelques-uns cependant, plus paresseux ou fatigués, tournant le dos au rideau baissé, lorgnaient les galeries ou lisaient le journal du soir.

Grégory avisa parmi ces retardataires un jeune homme de sa connaissance, le salua de la main et, feignant de se croire appelé par lui, se dirigea de son côté.

Cette manœuvre lui permit de se retourner sans affectation en côtoyant la baignoire numéro 7, et de jeter un rapide coup d'œil au travers du grillage.

M. de Nancey s'effaçait dans le coin le plus sombre et se cachait de son mieux le visage avec sa jumelle. Malgré cette double précaution, il suffit d'un regard au Valaque pour reconnaître le mari jaloux.

Grégory se dirigea vers la baignoire n. 7. — (Page 80.)

Sa figure n'exprima rien de la surprise que cette découverte devait lui causer. —
Il échangea une poignée de main et quelques paroles avec le jeune homme dont la
présence avait servi de prétexte à son exploration; puis, l'entr'acte touchant à sa
fin et les spectateurs revenant à leurs places, il regagna la sienne.

Le succès du second acte ne fut pas moins complet que celui du premier, pour
les auteurs, pour le compositeur et pour la reine Coricodète.

A peine le rideau tombé Grégory prit par le bras Cleveland, que le triomphe de
son idole grisait littéralement, et lui dit :

— Venez avec moi...

— Où me conduisez-vous? — demanda le jeune Anglais.

— Faire une visite à la comtesse... — Ne manquez pas de lui baiser la main...

— La comtesse est bien jolie..., — murmura Cleveland, — mais Clorinde est plus belle encore... n'est-ce pas?...

— C'est un autre genre... — répliqua Grégory d'un ton moqueur. — Les avis sont partagés.

Il franchit le premier le seuil de l'avant-scène, et, tout en saluant, il glissa bas et vivement ces mots dans l'oreille de Blanche :

— Ne cherchez point à comprendre, et faites ce que je vous dirai de faire... Il le faut !

Puis, tout haut, il ajouta :

— Madame la comtesse, mon ami Cleveland sollicitait l'honneur de vous présenter ses respects et je me suis permis de vous l'amener...

— Ici, comme chez moi, M. Cleveland est le bienvenu..., — répondit Blanche en tendant au jeune homme sa main gantée sur laquelle, conformément à la recommandation de Grégory, il appuya ses lèvres.

— Je vous assure, comtesse, — reprit le Valaque, — que ce soir, et par votre faute, je ne reconnais plus mon ami...

— Comment cela, prince? — demanda madame de Nancey en riant.

— Les rayonnements magnétiques de votre beauté exaltent sa nature anglaise, où d'habitude le calme domine... — Savez-vous ce qu'il me disait tout à l'heure?

Madame de Nancey secoua la tête avec un petit mouvement de dénégation coquet.

— Il me disait, — poursuivit le Valaque — (et je répète ses propres paroles) : — « Je voudrais être aux temps de la chevalerie, où les dames récompensaient le vainqueur du tournoi en lui octroyant leur écharpe, un ruban de leur coiffure, quelque chose enfin qui gardait comme un reflet de leur beauté ! — Je sens que je serais invincible en champ clos, et que je ferais mordre la poussière aux meilleurs chevaliers du monde, rien que pour conquérir une fleur du bouquet de la comtesse ! » — Que pensez-vous d'un tel langage au temps d'opérettes où nous vivons ?

— Je pense que c'est du dernier galant, — répondit en souriant madame de Nancey, — et *messire* Cleveland aurait été digne d'entrer dans la lice en portant les couleurs de la dame pour laquelle il était prêt à si glorieusement combattre...

— Eh bien! comtesse, — reprit le prince, — n'êtes-vous point d'avis qu'en pareille occurrence l'intention doit être réputée pour le fait, et qu'il serait généreux à vous de récompenser votre chevalier par le don de la fleur qu'il ambitionne?...

— C'est mon avis, prince... et je le prouve...

Madame de Nancey choisit dans son bouquet un bouton de rose blanche.

— Les reines de beauté, — continua Grégory, — ne dédaignaient point de couronner de leur propre main le vainqueur de la lice. — Faites comme elles, madame la comtesse... attachez vous-même cette fleur...

— Pourquoi non? — répondit Blanche.

Cleveland occupait la place où nous avons vu Grégory s'asseoir pendant le dernier entr'acte.

Madame de Nancey se pencha vers lui, et délicatement, du bout de ses doigts effilés, fixa le bouton de rose à sa boutonnière.

Le Valaque, au troisième plan, dans la pénombre, braquait sa jumelle sur le grillage de la baignoire numéro 7, et s'assurait *de visu* que le comte ne perdait aucun détail de ce qui précède.

Cleveland, rouge comme une pivoine, laissait faire et ne comprenait rien à la petite scène dont il était le héros.

Cette scène s'achevait à peine quand arrivèrent les tumultueux cocodès de l'escadron volant, et Grégory, certain d'avoir atteint son but, quitta la loge en emmenant avec lui Cleveland, après avoir dit tout bas à Blanche :

— Ne venez pas demain, il y aurait danger...

Constatons-le tout de suite, et pour n'y plus revenir, la réussite du troisième acte des *Poules de la Cochinchine* fut aussi vive que celle des deux premiers. — Péragallo, bon juge en ces matières, annonça que la pièce dépasserait la centième représentation en faisant le maximum des recettes, et sa prédiction se réalisa.

*
* *

Laissons s'écouler deux jours et prions nous lecteurs de nous accompagner de nouveau dans la salle d'armes de l'entresol de Grégory.

Il était huit heures et quelques minutes du matin.

Le Valaque et Cleveland venaient de faire assaut. — Le jeune Anglais pratiquait maintenant la botte secrète aussi bien que son professeur, et celui-ci, malgré son habileté de premier ordre, ne parvenait pas toujours à parer le coup terrible qu'il avait enseigné.

— Tu en sais aussi long que moi…, — dit Grégory en posant son fleuret, — l'imprudent, quel qu'il soit, qui croisera le fer avec toi est un homme mort !

— Alors, je peux me reposer ? — demanda Cleveland.

— Oui, mon fils… — Ote ton masque et ton plastron, bois ce verre de vin de Porto pour te remonter après tes fatigues, et causons… — Le moment est venu de te mettre au courant de mes petits projets.

L'Anglais fit un signe d'adhésion, vida la tulipe de verre de Bohême remplie d'un liquide transparent dont les années avaient pâli la pourpre, la remplit de nouveau, la vida derechef, et, faisant claquer sa langue en connaisseur satisfait, vint s'asseoir sur l'un des divans à côté du prince.

— J'ai confiance en toi, mon fils… une confiance absolue…, — reprit ce dernier en frappant sur l'épaule de Cleveland, — et cela pour la meilleure de toutes les raisons ; — ton intérêt personnel me répond de ta discrétion et de ta fidélité… — Je t'ai connu dans un *enfer* de Londres où la chance te maltraitait fort… — Tu m'as inspiré de la sympathie… Je trouvais en toi un gentleman de bonnes façons, dévoyé tout à fait par la sévérité d'une famille un peu trop puritaine… — C'était intéressant… — Je t'ai arraché aux griffes de la police anglaise en payant à ta place une traite de deux cents livres sterling, enrichie par toi d'une signature non moins fausse que médiocrement imitée… — Un faute doublée d'une maladresse !…

— Certes, vous avez été généreux, — interrompit Cleveland avec quelque amertume. — Mais pourquoi me rappelez-vous ces choses ?

— Pour te démontrer péremptoirement que tu es à ma discrétion ; car enfin ce que j'ai fait, je pourrais le défaire, ayant gardé la traite fausse ! — Donc il me suffirait d'un mot pour t'expédier à Newgate et de Newgate à Botany-Bay…

— Ce mot, vous ne le direz pas…

— Cela dépend de toi. — Sers-moi bien et nous serons quittes… ou plutôt c'est moi qui deviendrai ton débiteur. — Alors je te payerai ma dette en te rendant le dangereux billet et en te donnant une fortune…

— Vous savez bien que je suis prêt à tout…

— Je le sais… j'en suis sûr… et je vais t'apprendre ton rôle. — Il est d'ailleurs le plus simple du monde… — Demain tu ne sortiras pas, tu laisseras ta clef sur ta porte et tu verras, vers les deux heures, une femme entrer chez toi voilée et très-émue…

— Une femme? — riposta Cleveland.

— Oui, la comtesse de Nancey.

— Qu'y viendra-t-elle faire ?

— Me chercher.

— Vous y serez donc ?

— Je n'y serai pas. — Cesse de m'interrompre, et écoute... — Avant que la comtesse ait eu le temps de t'interroger, le comte à son tour arrivera, sachant que sa femme est chez toi et par conséquent furieux. — Tu t'élanceras au-devant de lui et tu lui défendras de passer. — C'est alors qu'il te provoquera, qu'il te soufflet- tera peut-être. — En ta qualité d'insulté, tu auras le choix des armes... — Tu choisiras l'épée; vous vous battrez le lendemain, et l'issue de la rencontre est indiquée d'avance ! — Une heure après la mort de M. de Nancey tu recevras de moi ton billet faux, une somme de cinquante mille francs, et l'engagement bien en règle de t'en payer en outre cent mille le jour de mon mariage avec la comtesse, c'est-à-dire dans moins d'un an... — Il ne me reste rien à t'appren- dre... — Ton avenir est entre tes mains... — Va-t'en, mon fils, j'ai beaucoup à faire.

Cleveland s'en alla fort ému. — Jusqu'à cette heure il avait pris médiocrement au sérieux les insinuations de Grégory. — Maintenant, il fallait agir ! — Tuer froide- ment un homme en duel, quand ce duel n'est autre chose qu'un assassinat, cela trouble les plus résolus. Mais le moyen de désobéir? D'ailleurs l'obéissance, c'était la liberté reconquise, c'était cinquante mille francs tout de suite et cent mille un peu plus tard !... Enfin, et surtout, c'était Clorinde !

Il n'hésita plus...

Grégory, — aussitôt après le départ de Cleveland, — passa dans sa chambre à coucher, s'assit devant un petit bureau en marqueterie et écrivit ces quelques lignes sur du papier très-mince, propre à être plié menu, glissé dans une main et caché dans un gant :

« Impossible chez moi, très-chère. — Le comte a des soupçons. — Demain, à
« deux heures, au Grand-Hôtel. — Demandez Cleveland. — C'est moi qui vous
« recevrai. — Je vous aime ! »

Il prit ensuite une autre feuille de papier sans initiales et sans couronne, et d'une écriture contrefaite, absolument méconnaissable, il traça ces mots :

« Mari complaisant ou mari aveugle... Lequel des deux? — Choisissez ! — Si c'est
« complaisant, grand bien vous fasse ! — Si c'est aveugle, un ami va vous ouvrir
« les yeux.

« La comtesse, — que vous suivez vainement depuis quelques jours, — sera
« demain à deux heures au Grand-Hôtel, chez Cleveland, son amant. — Laissez-
« la monter, montez derrière elle, et, s'il vous faut une certitude, on vous la pro-
« met complète. »

XVI

OU LE PRINCE A QUELQUE INQUIÉTUDE.

Grégory glissa sous une enveloppe le billet anonyme, et, de la même écriture
contrefaite, traça sur cette enveloppe l'adresse du comte de Nancey.

Il se dit ensuite avec une satisfaction manifeste :

— Je connais des auteurs, et des plus applaudis, qui charpenteraient moins
bien que moi un scénario de drame intime ! — Voilà une situation tendue qui
ferait merveille au boulevard à la fin d'un quatrième acte.

Au moment où le Valaque se complaisait ainsi dans son œuvre, on frappa doucement à la porte.

— Entrez ! — dit-il.

Le valet de chambre foula le tapis d'un pied discret et plaça devant son maître
un petit plateau d'argent sur lequel se trouvaient deux lettres illustrées de timbres-
poste, les uns autrichiens et les autres anglais.

La première venait de Vienne ; la seconde arrivait de Londres.

Grégory regarda ces lettres avec une vague inquiétude. — Dès qu'il se trouva
seul, il déchira les enveloppes d'une main agitée, dévora du regard le contenu des
deux épîtres, et devint d'une pâleur mortelle.

— Échouer au port ! — murmura-t-il. — Ah ! ce serait à se brûler la cervelle !

La lettre anglaise disait ceci :

« Prince , mettez-vous en mesure. — Prends garde à toi, mon bon Grégory.

« Le vent souffle d'un mauvais côté. — Il suffirait de bien peu de chose pour que l'édifice ébranlé croulât... et ce peu de chose est imminent...

« Il faut que les traites montant à cent cinquante mille francs, endossées par toi, prince Grégory S..., passées par toi à la maison William Smith and C°, de Londres, et qui seront présentées au Comptoir d'escompte de Paris à la fin du présent mois, soient payées à présentation. — Il le faut ! — entends-tu ? comprends-tu ? — Il le faut ABSOLUMENT.

« Certains soupçons flottent dans l'air. — Tu sais bien ce que je veux dire. — Les traites revenant impayées leur donneraient une consistance de tous les diables ! — Bucharest est bien près de Londres par le télégraphe électrique. — Prends garde ! — Si la police met le nez dans tes affaires, je ne donnerais pas un penny de ta principauté... et pas six pence de ta liberté.

« Je voudrais te dire : — Compte sur moi !... — Mais ce serait une parole vaine. — Je ne peux rien... — J'ai eu des malheurs...

« Ne t'endors pas ! — Cherche... trouve... emprunte ou dévalise... fais flèche de tout bois, et pare à l'échéance !...

« Tires-tu parti de ton Cleveland ? — Ce nigaud t'est-il bon à quelque chose ?... »

Pour toute signature, cette lettre n'avait qu'une initiale.

L'autre missive, — celle qui venait d'Autriche, — disait à peu près les mêmes choses, en termes différents, et parlait également de traites de cent cinquante mille francs, négociées à Vienne et payables à la fin du mois au Comptoir d'escompte de Paris.

Grégory prit sa tête dans ses mains et pressa ses tempes avec une sorte de rage, comme pour en faire jaillir une idée.

— Trois cent mille francs à payer dans dix jours ! — dit-il presque à voix haute, tant sa préoccupation était grande. — Je ne les ai pas... je n'en ai pas cent ! — Où les chercher ? où les prendre ?... Comment payer ? C'est impossible ! impossible !! impossible !!! — On a des soupçons !... — Qui les a fait naître ? — Tout était si bien combiné ! — Et c'est quand je touchais au but que la planche se brise sous mon pied et que je vais m'effondrer dans l'abîme ! — Allons, je suis perdu, bien perdu, à moins que l'imprévu ne me sauve ! — Mais l'imprévu, d'où viendrait-il ? — Si seulement j'avais une idée...

Pendant quelques secondes, le Valaque demeura immobile, muet, comme anéanti sous les ruines de son édifice écroulé.

Tout à coup une lueur éclaira son visage, — un éclair brilla dans ses yeux. — Il se releva en poussant un soupir de soulagement.

— Les diamants de Clorinde!... — murmura-t-il ; — je suis sauvé !!!

L'exécution immédiate du plan conçu par le Valaque pour amener un duel entre Cleveland et le comte de Nancey devenait impossible, ou du moins inutile.

Le Valaque, allumant une bougie, réduisit prudemment en cendres le billet anonyme adressé à Paul, celui destiné à la comtesse, et les deux lettres qu'il venait de recevoir.

Il fit sa toilette rapidement, se rendit au Grand-Hôtel et monta chez le jeune Anglais qui rentrait à l'instant.

— Ami Cleveland, — lui dit-il, — je t'apporte des nouvelles.

— Bonnes ou mauvaises?

— Excellentes pour toi. — Tout est changé.

— On ne se bat plus?...

— Non, mon fils, — maintenant du moins...

— Je ne tenais point à me battre avec ce pauvre comte qui ne m'a jamais rien fait, mais je tenais beaucoup à la restitution de certain papier, et à mes cinquante mille francs qui s'envolent en fumée...

— Je garde provisoirement le papier en question et les cinquante mille francs; mais ta bonne volonté mérite une récompense et je ne te la ferai point attendre... Aux enfants bien sages, on donne un joujou... — Clorinde est le joujou que tu veux, je te donnerai Clorinde...

Le visage de Cleveland s'empourpra; ses yeux de faïence étincelèrent.

— Vous ne vous moquez pas de moi?... — demanda-t-il d'une voix étranglée par l'émotion.

— Je me moque si peu de toi que nous allons aller ensemble, tout de ce pas, rue de la Paix, chez le bijoutier dont tu me parlais l'autre jour, et nous achèterons le bracelet qui doit t'ouvrir le cœur de ta fauvette...

Cleveland ne pouvait en croire ses oreilles. — Le saisissement, la joie, le changeaient en statue et lui donnaient une physionomie si drôle que Grégory ne put s'empêcher de rire en le regardant.

Un quart d'heure après ces paroles échangées, le jeune Anglais, rayonnant, boutonnait sa poche sur l'écrin de velours renfermant le précieux bibelot, et, serrant à la briser la main du Valaque dans un transport de reconnaissance, il prit son élan pour s'éloigner à toutes jambes.

Grégory le retint par le pan de son veston.

Le déjeuner, commencé à onze heures, ne s'acheva qu'à midi trois quarts. — Page 90.

— Où cours-tu ? — lui demanda-t-il.

— Chez Clorinde...

— Il est trop matin ! — Un gentleman ne se présente point chez une femme avant deux heures de l'après-midi. — Il risquerait de coudoyer les fournisseurs dans l'antichambre et de se voir présenter les factures..., ce qui serait parfois gênant... — Viens déjeuner... J'ai des recommandations à te faire...

Depuis quelques jours l'amour sans espoir ôtait l'appétit à Cleveland. — La certitude d'un dénoûment heureux le lui rendît comme par enchantement. — Il dévora tout ce qu'on plaça devant lui, sans se rendre compte de ce qu'il mangeait, but deux bouteilles de Haut-Sauterne qui le grisèrent quelque peu, et regarda sa montre toutes les cinq minutes pour voir s'il serait bientôt possible et convenable de se présenter chez Clorinde.

Le déjeuner, commencé à onze heures, ne s'acheva qu'à midi trois quarts.

— Surtout, mon fils, — dit le Valaque en soldant l'addition, — fais en sorte de me point te laisser dindonner par la demoiselle.

— Me prenez-vous donc pour un sot? — demanda Cleveland en se cabrant.

— Amoureux et sot, c'est la même chose. Or, tu es l'un, puisque tu es l'autre... — L'homme épris perd son sang-froid, et la femme, qui le sait bien, en abuse!... — Tu as dans ta poche ton talisman... — Sache t'en servir... — Rien pour rien!... Donnant, donnant!... — L'échange de bons procédés, entre la belle Clorinde et toi, doit avoir lieu dès aujourd'hui...

Cleveland ne répondit point, mais il posa la main sur son cœur et son sourire donquanesque eut une éloquence triomphante.

Grégory ouvrit son portefeuille, y prit deux billets de banque et les posa devant l'Anglais.

— Qu'est-ce que cela? — demanda ce dernier, qui, ce jour-là, marchait de surprise en surprise.

— C'est un à-compte de deux mille francs que je te donne sur les cinquante mille que je te devrai plus tard... — Tu vas avoir de menues dépenses à faire, — des dîners à payer, des bouquets, des voitures. — Cela n'a l'air de rien et conduit plus loin qu'on ne pense... — Sois large! — On te sait mon ami... Montre-toi digne de ce titre... Je veux être fier de toi!

— Grégory... Grégory... — balbutia Cleveland surexcité par la reconnaissance et par le Haut-Sauterne, — pour moi, vous êtes un frère!... mieux qu'un frère!... vous êtes un père!... mieux qu'un père!... un ami... un véritable ami! — Dites un mot, faites un signe... je suis prêt, si ça vous arrange, à me battre en duel avec tout Paris...

— Chut! — fit vivement le Valaque en appuyant son doigt sur ses lèvres. — Ah çà! deviens-tu fou, mon fils? — Tu es gris! Prends garde à ta langue!

Une heure après, Cleveland et le bracelet, — l'un portant l'autre, — étaient gracieusement accueillis par la reine Coricodète.

A la suite d'un long tête-à-tête, le fils de l'Angleterre et la poule de la Cochin-chine se mirent joyeusement à table et fraternisèrent sous les espèces du Château-Larose tiédi et du Rœderer en carafe.

Ils allèrent ensemble au théâtre. — Cleveland, admis dans la loge de la chanteuse, put admirer de près les merveilleux diamants qui faisaient tant d'effet sur le public des Caprices-Parisiens.

Après le spectacle, il ramena Clorinde à son logis. — Elle demeurait rue de Chaillot, dans un petit hôtel qu'on avait bâti pour elle. — Chemin faisant elle tenait sur ses genoux un sac en cuir de Russie renfermant tous ses écrins.

XVIII

LE COCHER SIMON. — LE JUIF SAMUEL KIRCHEN.

Cleveland insista beaucoup pour franchir le seuil du petit hôtel, mais la chanteuse fut inflexible.

Sa résistance se basait sur des raisons de premier ordre. Son plus utile ami, vieux sénateur infiniment riche et non moins spirituel, savait à merveille à quoi s'en tenir sur la fidélité de Clorinde, et ne se formalisait point de ses très-nombreuses fantaisies, au théâtre aussi bien qu'à la ville; mais il voulait que les apparences fussent convenablement sauvegardées. Un manque d'égards l'aurait éloigné sans retour, et son départ eût été suivi d'un grand vide, sinon dans l'existence et dans le cœur, au moins dans la caisse de la reine Coricodète.

Or, il avait la clef de l'hôtel. Il pouvait venir. Il était là peut-être.

Donc la porte se referma sans miséricorde, laissant Cleveland sur le trottoir.

Le jeune Anglais, remonté dans la voiture, alluma tristement un partagas et baissait la glace du devant pour donner au cocher l'adresse du Grand-Hôtel, quand la portière fut rouverte à l'improviste et quelqu'un dont on ne pouvait distinguer le visage dans l'obscurité s'assit brusquement à côté de lui.

— Hein? quoi? — s'écria-t-il stupéfait, — qui est-ce? qu'est-ce que c'est? vous vous trompez... la voiture est prise...

— Tais-toi, bêta, et donne-moi du feu..., — répondit une voix connue.

— Vous, prince !...

— Naturellement... — J'attendais là depuis un grand quart d'heure...

— Où faut-il vous conduire, mes maîtres? — demanda le cocher.

— Place du Nouvel-Opéra... — fit Grégory en coupant la parole à Cleveland qui allait répondre.

La voiture s'ébranla, quitta la rue de Chaillot et descendit grand train les Champs-Elysées.

— Vous avez dit que vous m'attendiez? — murmura l'Anglais, qui ne pouvait revenir de sa surprise.

— Oui.

— Et pourquoi m'attendiez-vous?

— Parce que je voulais causer avec toi sans retard... — J'ai hâte de savoir si tu es content et si tu ne regrettes pas l'emploi de mon argent?

Cleveland prit les deux mains de Grégory, et, les serrant avec effusion, s'écria :

— Si je suis content? — Ah! mon ami ! Non, voyez-vous, c'est un rêve !...

— Très-bien !... Donne-moi des détails.

Le jeune Anglais baissa les yeux pudiquement, et sans les ténèbres on aurait pu le voir rougir. — Il donna néanmoins les détails demandés, mais avec force réticences. — Même en leurs égarements folichons, ces fils de la blonde Albion gardent un peu de pruderie.

Le coupé s'arrêta à l'endroit indiqué, près des *Bacchantes* de Carpeaux.

Les deux hommes mirent pied à terre, et, tandis que Cleveland fouillait dans son porte-monnaie, le Valaque dit au cocher :

— Vous avez là un fameux cheval, mon brave.

— Ah! monsieur, une rude bête! — répliqua l'automédon, — un vieux reste de cheval anglais, voyez-vous ! — Ça a plus de vingt ans... c'est *arqué* et sur ses boulets. — A le voir à l'écurie, on n'en donnerait pas dix francs, et une fois dans les brancards ça lève les pattes comme un poulain et ça file ! — Jamais de fouet avec *Coco*, monsieur, jamais ! — Il casserait tout si on le chatouillait seulement avec le bout de la mèche, — il ne périra pas sur la litière, allez ! il fera sa finition en courant, le vieux farceur... — c'est le sang qui veut ça.

— Je me servirais volontiers de votre voiture le soir... — Êtes-vous libre? pouvez-vous vous entendre avec moi?...

— Le soir ? — impossible, monsieur... — C'est moi qui fais le service de madame Clorinde depuis plus de deux ans... — Je la conduis à son théâtre et je vais la chercher après le spectacle... C'est réglé. — Une fameuse pratique, monsieur, et naturellement j'y tiens...

— Je comprends ça, — mais dans la journée?...

— C'est autre chose... tout à votre service.

— Où est votre remise?

— Rue de Chaillot, à cinquante pas de l'hôtel de madame Clorinde. — Je m'appelle Simon. — La voiture est à moi. — J'en ai encore deux autres et trois chevaux. — Ils sont bons, oui, monsieur, et jeunes; mais le vieux *Coco* que voilà est le meilleur et de beaucoup.

— Très-bien, Simon. — Quand j'aurai besoin de vous, je vous ferai prévenir le matin.

Le cocher, bien payé, s'éloigna. — Cleveland avait écouté avec son ahurissement habituel le dialogue qui précède.

— Comment, prince, — s'écria-t-il, — vous qui avez des chevaux et des voitures dont on s'occupe, vous allez vous servir, en plein jour, de ce cabas poudreux et de cette haridelle efflanquée?

— Jamais de la vie ! — répondit Grégory en riant.

— Ah bah ! Mais, cependant, ce que vous venez de dire à Simon?... — Entre nous, je ne comprends guère...

— Tu n'as nul besoin de comprendre. — Bonsoir, cher. — Te voici à deux pas de chez toi, — va te mettre au lit, et puisque, selon la propre expression, l'amour de Clorinde est *un rêve*, tâche de continuer en dormant ce rêve que tu fais tout éveillé...

Grégory rentra chez lui à pied et, avant de se coucher, il prit dans un meuble d'ébène, incrusté d'ivoire et fermé par de solides serrures, une liasse de papiers qu'il étala sur son bureau.

Ces papiers étaient des feuilles volantes couvertes de notes écrites en cinq ou six langues différentes. — A l'écriture se trouvaient mêlés des signes de convention auxquels, à moins d'en avoir la clef, on n'aurait pu découvrir un sens quelconque.

Des lignes droites, tracées à la plume, divisaient une de ces feuilles en plusieurs cases.

En tête de chacune de ces cases se lisait le nom d'une grande ville : — Paris, Londres, Vienne, Berlin, Francfort, etc.

Dans chaque case, deux, trois, quatre noms, suivis d'adresses et accompagnés de ces sortes d'hiéroglyphes indéchiffrables dont nous parlions un peu plus haut.

Grégory transcrivit au crayon sur une page blanche de son agenda un de ces noms : *Samuel Kirchen*, et une adresse : *rue de Lappe, n° ****.

Il plia en quatre et glissa dans la poche du même agenda un carré de papier sur lequel se voyaient deux lignes écrites en allemand, suivies, en guise de signature, d'une petite estampille à l'encre rouge d'imprimerie, sorte de vignette assez grossière représentant deux mains unies, et portant en exergue le mot : *Frankfurth*.

Ceci fait, il reficela la liasse, la remit dans le meuble d'où il l'avait tirée, se coucha et s'endormit d'un sommeil passablement agité.

Le lendemain, à l'heure où d'habitude Cleveland arrivait pour l'assaut quotidien, le Valaque sortit de chez lui, vêtu très-simplement, coiffé d'un chapeau de feutre mou qu'il portait pour voyager en chemin de fer, et n'ayant point à la boutonnière sa rosette multicolore. — Il avait rabattu les pointes orgueilleuses de ses moustaches et mis sur son nez un binocle à verres légèrement teintés de bleu. — Ces modifications si simples le changeaient au point de le rendre presque méconnaissable. — Il monta dans un fiacre, se fit conduire à la place de la Bastille, et, après s'être renseigné, gagna pédestrement la rue de Lappe qui en est voisine.

Cette rue, habitée spécialement par des ferrailleurs, des démolisseurs de voitures et des marchands de *bric-à-brac* dont les marchandises proviennent des ventes les plus infimes, n'offre rien de sinistre et d'inquiétant. — Elle est étroite, boueuse et puante, mais, au demeurant, fort honnête.

Grégory trouva sans peine la maison dont il avait le numéro, s'engagea dans une allée fétide, gravit les degrés branlants d'un escalier étroit et noir, et voyant au premier étage ces trois mots : PARLEZ AU PORTIER, écrits au-dessus d'une sorte d'antre d'où s'échappaient des parfums combinés de soupente, de vieux cuir et de soupe au choux, il demanda si M. Kirchen était chez lui.

— Le père Samuel !... — répondit une voix, — oh ! il ne sort pas si matin que ça... — C'est au quatrième, le nom est sur la porte...

Le Valaque continua son ascension, sonna à la porte indiquée, qui lui fut ouverte au moyen d'un système de cordon pareil à celui dont les concierges font usage, se trouva dans une pièce absolument nue, vit en face de lui une seconde porte entr'ouverte, et entendit ces mots, prononcés par une voix enrouée avec un effroyable accent tudesque :

— Bar ici... Bar ici... Bussez le borte...

Il obéit à cette injonction et franchit le seuil d'une vaste chambre très-sale, meublée seulement de quelques chaises de bois blanc, et coupée en deux par un grillage à mailles serrées, garni intérieurement de serge verte.—Derrière ce mystérieux rideau résonnait une petite toux.

Au milieu du grillage, à hauteur d'appui, se voyaient un guichet et une de ces planchettes sur lesquelles les caissiers reçoivent et comptent de l'argent. — Une plaque mobile fermait ce guichet.

La voix tudesque s'éleva de nouveau.

— Guesgue fus fulez? — demanda-t-elle.

— Je demande à parler au maître du logis..., — répondit le prince en excellent allemand. — Est-ce vous qui êtes Samuel Kirchen?

— Oui, oui... c'est moi, — répliqua le juif, dont l'accent cessait d'être appréciable aussitôt qu'il s'exprimait dans sa langue maternelle. — Dites-moi ce qui vous amène.

— Je désire causer avec vous en particulier.

— Eh bien! rien ne vous en empêche. — Nous sommes seuls et personne ne nous dérangera sans ma permission, car la porte d'entrée se referme au moyen d'un contre-poids et il faut tirer le cordon pour l'ouvrir. — Approchez-vous du guichet et dites ce que vous avez à dire Et d'abord, qui êtes-vous, s'il vous plaît?

— Mon nom importe peu. — Je viens vous parler d'une affaire, d'une grosse affaire; mais, avant que je m'explique, regardez ceci.

Grégory avait ouvert son agenda; il en tira la feuille pliée en quatre qui portait les deux lignes écrites en langue allemande et l'estampille à l'encre rouge.

Il poussa le guichet et posa ce papier bizarre sur la tablette intérieure.

— Mais alors, c'est bien différent!... — s'écria la voix après un silence d'une seconde et un petit accès de toux. — Vous n'êtes plus un étranger, vous n'êtes plus un inconnu, puisque vous avez la *légitimation* (1) de mon digne compère Ruben Schultz, de la Judengasse de Francfort!... — Atendez, je vais vous ouvrir... il y a de quoi s'asseoir, au moins, dans mon petit bureau... — Ce n'est pas bon de causer debout...

Un partie du grillage et de la boiserie qui le soutenait, découpée en façon de porte, céda sous une pression intérieure, et la personne de Samuel Kirchen s'encadra dans l'ouverture.

Samuel ressemblait d'une manière frappante à la plupart de ces juifs allemands qu'on a vus suivre comme des bêtes de proie les armées du roi Guillaume pendant la guerre franco-allemande.

(1) *Légitimation*, passe-port, laissez-passer.

Agé de cinquante ans environ, il était petit, presque chauve, obèse, et d'une malpropreté repoussante ; — il avait les yeux faux et clignotants, le nez crochu, les lèvres minces, et portait entière sa barbe grisonnante. — Il s'enveloppait dans une vieille robe de chambre graisseuse d'où la ouate s'échappait par des fissures innombrables.

— Entrez, — dit-il en s'effaçant pour laisser passer Grégory.

XIX

OU GRÉGORY TRAVAILLE BEAUCOUP.

La description du réduit dans lequel pénétra le prince ne sera pas bien longue. Tout l'ameublement consistait en un bureau de bois blanc placé sous le guichet, en un coffre-fort de formidable apparence, en un vieux fauteuil dont le juif se servait habituellement, et en une chaise non moins surannée recouverte d'un tissu de crin.

Sur le bureau quelques paperasses, deux balances, dont l'une toute petite et d'une délicatesse infinie, et deux revolvers de grande taille placés à portée de la main du juif.

Ce dernier désigna la chaise à Grégory et, s'installant lui-même, dit laconiquement :

— Asseyez-vous, et expliquez-vous...

— Notre conversation vous prendra peu de temps, — répondit le Valaque. — Si je suis bien renseigné, monsieur Samuel, — et je crois l'être, — vous achetez les pierres précieuses.

— J'achète de tout et je vends de tout.

— Il s'agit de diamants.

Grégory chez le juif Samuel. — (Page 89.)

— Pour une forte somme ?

— Pour six cent mille francs.

— Montrez-les.

— Je ne les aurai que dans deux jours

— Alors, revenez dans deux jours... — Avant de causer d'une affaire, il faut connaître la marchandise...

— D'accord. Mais il est une chose que, dès à présent, vous pouvez me dire : —

Si les pierreries en question ont pour vous la valeur que je leur attribue, combien les payerez-vous?

— Si les diamants valent six cent mille francs, prix marchand, je les payerai quatre cent cinquante mille, — à la condition, bien entendu, que je pourrai faire mention de l'achat sur mes livres, et porter moi-même l'argent au domicile du vendeur.

Grégory secoua la tête.

— Non, — répliqua-t-il en regardant le juif bien en face, — il faudra payer ici, monsieur Samuel, et ne rien écrire...

— Je comprends et l'affaire change de face... — Il sera nécessaire de démonter les diamants, de les expédier à l'étranger pour en tirer parti, et de les vendre lentement, un à un... — Dans ces conditions déplorables, je n'en offrirais plus que deux cent cinquante mille francs.

— Vous iriez bien à trois cent mille?

— Non. — Quand j'ai fait un prix, soit pour l'achat, soit pour la vente, je n'ajoute ou ne diminue pas un sou... — C'est à prendre ou à laisser.

— Mais au moins vous payerez comptant?

— Sans une minute de retard. — En billets de banque ou en or, au choix du vendeur...

— Dans deux jours vous aurez les diamants...

— Dans deux jours vous aurez l'argent — (si la marchandise me convient...) — et, croyez-le bien, si je fais une affaire dangereuse et peu lucrative, ce sera pour l'amour de mon digne compère Ruben Schultz, de la Judengasse de Francfort...

Grégory, la tête un peu basse, quitta la maison de la rue de Lappe.

Aux deux cent cinquante mille francs du juif, il lui faudrait donc joindre cinquante mille francs de son propre argent! — il ne lui resterait presque rien! — Oui, mais au moins, les traites étant payées à leur échéance, les soupçons se dissiperaient, — les points noirs signalés à l'horizon par les correspondants de Londres et de Vienne disparaîtraient comme par enchantement, et le Valaque, grâce à la botte secrète de Cleveland, redeviendrait maître de l'avenir...

Ces réflexions ranimèrent un peu le prince qui, profitant de ce qu'il se trouvait dans le quartier de la Bastille, et connaissant Paris mieux que la plupart des Parisiens, gagna le faubourg Saint-Antoine et pénétra dans la cour d'Amoy.

On nomme ainsi une sorte de vaste entrepôt consacré presque exclusivement à l'industrie des ferrailleurs et des démolisseurs de voitures.

Ces derniers achètent à bas prix des voitures de toutes formes et de toutes provenances, les unes seulement démodées, les autres entièrement hors de service. — Les premières reprennent entre leurs mains un éclat plein de séduction, et, grâce aux artifices rajeunissants de la peinture et du vernis, sont revendues avec un bénéfice de trois ou quatre cents pour cent. — On voit que l'industrie est bonne.

Les véhicules usés jusqu'à la corde et dont le *maquillage* est impossible sont abandonnés aux *dépeceurs*, qui se livrent sur eux à un véritable travail de dissection chirurgicale, et qui mettent de côté et divisent par sortes et par lots toute la ferraille provenant de ces démolitions, lames de ressorts, boulons, fers de roues, etc., etc.

Ces épaves de la carrosserie trouvent preneurs à des prix avantageux, et, après avoir traversé le feu de la forge et subi l'épreuve du marteau, recommencent un nouveau service qui quelquefois n'est pas le dernier.

Bref, ce bazar joue pour les vieilles voitures le rôle que joue la rotonde du Temple pour les vieilles bottes et les vieux chapeaux.

Grégory arrêta son choix sur un coupé datant au moins de 1848, démantelé, déverni, crevassé, ridicule, mais qui semblait capable de rouler encore pendant quelques jours sans trop de danger de désagrégation complète.

Il le marchanda, il finit par tomber d'accord avec le vendeur pour le prix de trois cents francs, qu'il paya séance tenante et dont il se fit donner reçu.

— Où faudra-t-il vous livrer ça, mon bourgeois? — demanda le marchand.

— Je vous le dirai dans une heure...

— Suffit, mon bourgeois... — On vous attendra... et ce berlingot-là, voyez-vous, fera le service d'une voiture neuve!... — si même il n'en fait un meilleur...

— Je vous l'ai laissé à trop bon compte... — Enfin, que voulez-vous? on a tant de mal à gagner sa pauvre vie par le temps qui court!... il faut faire des concessions...

En quittant la cour d'Amoy, Grégory loua pour une semaine, sous un nom supposé, une remise et une écurie dans une des petites voies qui coupent la rue du Faubourg-Saint-Antoine, et paya d'avance. — Il acheta un harnais d'occasion, solide encore, et le fit accrocher dans l'écurie où l'on apporta également un sac d'avoine et quelques bottes de paille et de foin.—Le vieux coupé fut installé sous la remise.

Ces préparatifs terminés, il mit son binocle dans sa poche, retroussa ses moustaches, replaça sa rosette à sa boutonnière, prit une voiture et regagna le boulevard Haussmann.

Dans la soirée, il donna l'ordre de seller un de ses chevaux, vigoureuse bête à deux fins qui d'habitude servait au poney-chaise. — Il sortit seul, au grand étonnement de son groom, et il ne rentra que fort tard, à pied, l'air contrarié, en racontant que, par suite d'un accident arrivé à sa monture, il avait fallu la laisser chez un vétérinaire des environs de Paris.

On a deviné déjà que le cheval était installé tout simplement dans l'écurie du faubourg Saint-Antoine.

Le prince Grégory devait passer décidément pour un homme de ressources... Il combinait avec aisance un plan compliqué et trouvait le moyen de l'exécuter seul, jusque dans ses moindres détails, sans entraver sa marche par des complicités gênantes et dangereuses.

Il ne pouvait cependant se passer, dans une certaine mesure, du concours de Cleveland ; mais nous savons déjà que le jeune Anglais, moralement garrotté par la crainte des *attorneys*, ne s'appartenait plus et n'avait le droit de refuser quoi que ce fût.

Grégory, le lendemain, déjeunait au café Riche avec l'adorateur de Clorinde.

— Es-tu toujours content de la reine Coricodète? — lui demanda-t-il.

— Ah! plus que jamais! — s'écria l'insulaire. — C'est un ange! oui, un ange! On ne voit pas ses ailes, mais je suis sûr qu'elle en a! — Un trésor, prince! un vrai trésor! croyez-m'en sur parole! On ne connaît pas cette femme-là!...

— Tu te trompes, mon fils, — répliqua le Valaque de sa voix railleuse. — Beaucoup de gens la connaissent... et l'apprécient comme il convient... — Tu l'accompagnais hier soir?

— Certes!

— Tu la reconduiras ce soir?

— Assurément. — C'est un de mes plus doux priviléges...

— Cleveland, il ne tient qu'à toi de rentrer en possession, demain matin, du petit papier que tu sais et qui pourrait te mener si loin...

L'Anglais tressaillit et devint pourpre.

— Que faut-il faire pour cela? — demanda-t-il.

— Bien peu de chose... moins que rien. — Rue Royale, à main gauche, quand on se dirige vers la place de la Concorde, un peu après la rue Saint-Honoré, il existe un débit de tabac qui reste ouvert jusqu'à minuit passé... — Le connais-tu?

— Je le vois d'ici...

— Eh bien! ce soir, en reconduisant ton idole, tu feras arrêter la voiture devant ce débit, et tu descendras pour acheter des cigares...

— Et ensuite?...

— Il n'y a pas d'ensuite... — Voilà tout ce que je veux de toi...

— Mais, pourquoi?...

— Oh! pas de questions! — Désires-tu rentrer en possession de ton billet faux, oui ou non?... — Décide!

— Il n'arrivera rien à Clorinde?...

— Rien absolument... — Je t'en donne ma parole de prince...

— Eh bien! soit... — Je ferai ce que vous me demandez... J'acheterai des cigares...

— Et demain matin, à huit heures, tu viendras chercher chez moi le petit papier compromettant, qui te sera fidèlement remis... — C'est chose convenue, n'en parlons plus...

La journée s'écoula. — Clorinde, à son heure habituelle, arriva au théâtre des Caprices-Parisiens pour s'y transformer en reine Coricodète. — Cleveland, vaguement inquiet malgré la parole d'honneur de Grégory, mais ne voyant aucun moyen de se soustraire à l'exécution de sa promesse, vint la rejoindre dans sa loge dont le bracelet de deux mille écus lui avait donné l'accès pour au moins une semaine.

Vers les neuf heures et demie, au moment où la reine des Poules de la Cochinchine produisait sur le public enchanté ses effets de plastique, un commissionnaire très-barbu se présenta rue de Chaillot, à la station des voitures de remise, et demanda le cocher Simon.

— Simon c'est moi, — répondit le propriétaire de Coco. — Qu'est-ce que vous me voulez?

— Je viens pour une commission de madame Clorinde à son hôtel, et je suis chargé de vous dire en même temps de ne pas aller chercher madame après le spectacle. Elle reviendra dans la voiture d'un monsieur de ses amis.

— Suffit. — Je vas dégarnir Coco. — Peut-on vous offrir un petit verre?

— Grand merci, mais je suis pressé.

L'opérette finissait à onze heures et demie. — A minuit moins un quart la chanteuse quittait le théâtre.

A onze heures précises un vieux coupé tout déverni, attelé d'un grand cheval dont la robe brillante contrastait avec l'état de délabrement du harnais et de la voiture, était venu stationner devant l'entrée des artistes du théâtre des Caprices-Parisiens.

Sur le siége, — et fumant sa pipe, — se trouvait un cocher non moins barbu que le commissionnaire expédié rue de Chaillot.

Le spectacle s'acheva. — Les musiciens sortirent d'abord, puis les choristes et les figurantes. — Enfin Clorinde parut, au bras de Cleveland, et tenant de la main gauche son fameux sac à bijoux.

<hr/>

XX

D'OÙ VENAIT LA PHILOSOPHIE DE CLORINDE.

En arrivant au bout du couloir, la chanteuse s'arrêta et regarda à droite et à gauche.

— Eh bien ! mais, — dit-elle tout haut, — je ne vois pas Simon... Où donc est Simon?... Que fait Simon?...

Le cocher barbu ôta sa pipe de sa bouche et souleva son chapeau mou.

— Si madame veut monter..., — répliqua-t-il. — Simon, s'étant trouvé ce soir un peu malade, m'a envoyé pour le remplacer... — Je suis de la même remise... — Le cheval est aussi bon que Coco... — Nous ne lambinerons pas en route...

A la bonne heure... — Partons vite alors... — reprit la reine Coricodète.

Cleveland ouvrit la portière. — Clorinde s'installa sur les coussins rongés par les mites. — Le jeune Anglais fit le tour de la voiture et monta de l'autre côté.

— Hop ! — dit le cocher barbu.

Le cheval pointa légèrement, prit un trot de six lieues à l'heure et fila le long des boulevards.

— C'est étonnant ! — s'écria Clorinde. — Ces loueurs ont aujourd'hui des chevaux *à tout casser*, comme dirait le petit d'Alban. — J'en ai quatre dans mon écurie qui ne suivraient point ce cadet-là, et qui coûtent cependant bien cher !

La voiture atteignit la place de la Madeleine et prit, à gauche, la rue Royale.—
Le cœur de Cleveland battait très-fort.

A mesure qu'on approchait de la lanterne rouge du débit de tabac désigné par
Grégory, le cocher ralentissait l'allure de son trotteur.

Cleveland, obéissant à l'ordre du prince et à l'impérieux désir de racheter sa
liberté, abaissa la glace de devant et cria d'arrêter.

— Qu'est-ce que tu veux, petit? — demanda Clorinde.

— Je voudrais acheter des cigares... Me permettez-vous de vous quitter une
minute?...

— Eh! oui, va donc! mais dépêche-toi! il est tard et j'ai sommeil...

L'Anglais descendit en chancelant, — trébucha deux ou trois fois en franchis-
sant l'espace qui le séparait du bureau de tabac, entra dans la boutique qu'on
allait fermer, — prit des impériales sans les choisir, et les paya sans savoir ce
qu'il faisait.

Quand il sortit du magasin il eut un éblouissement soudain. — Il lui sembla
qu'il allait tomber.

En face de lui, plus rien!... — Et, bien loin, tout près de la place de la Concorde, une voiture entraînée avec une vitesse vertigineuse et passant comme un
éclair sous le gaz étincelant des candélabres.

Une seconde s'écoula. — La voiture tourna à droite, brusquement, et disparut.

— Je suis une affreuse canaille! — pensa Cleveland saisi d'un immense remords.
— Mais, s'il arrive du mal à Clorinde, je tuerai Grégory et je me moquerai du
reste!

La reine Coricodète, sentant le coupé se remettre en marche, crut d'abord à
une distraction du cocher.

— Arrêtez? — lui cria-t-elle — arrêtez donc! — qu'est-ce que vous faites? Le
jeune homme n'est pas remonté...

Mais la vitesse, au lieu de diminuer, augmentait.

Le cocher se pencha vers la glace ouverte.

— Madame, — dit-il, — ce n'est pas ma faute... — Le brigand m'a gagné la
main... Je ne suis plus maître de lui... — Aucun danger, d'ailleurs... — Nous
n'accrocherons point, j'en réponds, et la bête endiablée se calmera à la montée des
Champs-Elysées.

Le cheval filait en ligne droite. — Un choc semblait peu vraisemblable, car les
voitures sont rares à minuit passé dans l'avenue. — Clorinde était hardie.— Elle
n'envisagea que le côté comique de la situation, et se mit à rire de bon cœur en

pensant à Cleveland resté sur le trottoir, et à la figure qu'il devait faire.

Cette gaieté, d'ailleurs, ne dura pas longtemps.

On avait dépassé le rond-point.

La montée des Champs-Elysées semblait donner une impulsion nouvelle à l'allure impétueuse de l'animal. — Au lieu d'entrer dans la rue de Chaillot, il continua sa course folle.

— A gauche! — criait Clorinde de sa voix la plus glapissante, — à gauche donc!... Où me conduisez-vous?... Prenez garde!... je me plaindrai!...

Le cocher ne répondait plus.

La chanteuse fut prise alors d'une horrible frayeur et, en quelques secondes, les péripéties de tous les sombres mélodrames auxquels elle avait assisté se présentèrent à son esprit. — Elle revit un cortège de pâles victimes attirées dans des piéges par d'audacieux scélérats. Elle se dit que, sans aucun doute, il allait se passer quelque chose de terrible, et, si elle ne perdit pas connaissance, il ne s'en fallut guère. — Elle n'avait même plus la force de crier.

— La voiture, en s'arrêtant tout à coup, lui rendit le sentiment de la réalité. — Elle se pencha pour regarder au dehors et crut reconnaître l'avenue de l'Impératrice absolument déserte.

Le cocher barbu sauta lestement en bas de son siége et se présenta à l'une des portières.

Madame, — dit-il d'un voix rauque, — il faut descendre, s'il vous plaît...

Clorinde, plus morte que vive, obéit. — En ce moment une pensée bien féminine envahit son esprit.

— Miséricorde! — murmura-t-elle. — Cet homme est amoureux de moi!... Un cocher!... quelle horreur!

Et l'héroïne de tant d'opérettes excentriques, joignant pathétiquement les mains avec un geste qu'une jeune première de mélodrame, formée à l'école de l'Ambigu, aurait pu lui envier, balbutia :

— Ayez pitié de moi, monsieur le cocher!... je suis une faible femme... — Il serait affreux d'abuser de la solitude et de l'heure avancée! — Affreux! affreux! — Vous voyez que j'ai peur et que je vous supplie... — Laissez-vous attendrir... Je jure de ne point porter plainte... Mais n'approchez pas, monsieur le cocher, n'approchez pas...

L'homme barbu haussa les épaules,

— Eh! madame, — répliqua-t-il, — vous n'avez rien à craindre... — Je ne suis ni un assassin, ni un amoureux...

— Ayez pitié de moi, monsieur le cocher !... je suis une faible femme... — Page 104.

— Bah !... Mais alors,—demanda la chanteuse très-surprise et un peu rassurée, — que voulez-vous de moi ?

— Ceci, tout simplement... — répondit le cocher en s'emparant du sac à bijoux que Clorinde tenait à la main.

Puis, muni du précieux butin, il bondit sur son siége, rassembla les guides, fit tourner le cheval et reprit à toute vitesse le chemin de Paris, laissant au beau milieu de l'avenue de l'Impératrice la chanteuse effarée.

Chose étrange ! — Cette Clorinde qui venait, quelques secondes auparavant, de se déclarer *faible femme*, fit preuve en ce moment d'une énergie toute virile ! Dépouillée de ces parures qu'on estimait à si haut prix, elle ne poussa pas un cri, ne versa pas un larme, ne se tordit point les mains.

Elle s'orienta tranquillement, et à son tour elle se dirigea vers les Champs-Elysées. — A une heure et demie du matin, n'ayant fait sur la route aucune fâcheuse rencontre, elle atteignit la rue de Chaillot et rentra dans son hôtel où personne ne s'inquiétait de son absence.

Quelques heures plus tard, Grégory, coiffé d'un chapeau mou comme la veille, les moustaches abaissées, la boutonnière veuve de toute rosette, le binocle sur les yeux, et portant un petit paquet enveloppé dans un journal, gravissait l'escalier de la maison de la rue de Lappe et sonnait à la porte de Samuel Kirchen.

— Gui êdes fus ? — demanda le juif derrière son grillage, après avoir ouvert la première porte par le procédé que nous connaissons.

— Je suis celui qui vous a dit qu'il viendrait dans deux jours pour l'affaire en question. — répliqua Grégory en allemand.

— Vous avez les objets ?... — reprit Samuel avec une vivacité qui n'était point dans ses habitudes.

— Je les ai.

— Entrez, alors... — Nous allons voir s'il y a moyen de nous entendre...

La porte pratiquée dans le grillage glissa sur ses gonds, et le Valaque se trouva pour la seconde fois en tête-à-tête avec le juif, de l'autre côté du rideau de serge verte.

— Montrez-moi ça... — dit le recéleur, à qui l'espoir de réaliser bientôt un bénéfice énorme faisait perdre une partie de son sang-froid, et dont les mains velues tremblaient d'impatience.

Grégory dénoua les ficelles entre-croisées autour de son rouleau, défit le journal, et enfin étala sur le bureau sept ou huit écrins de formes différentes, les uns en chagrin noir, les autres en maroquin rouge et en velours bleu.

Le juif fit jouer le ressort de l'un de ces écrins et son visage exprima la surprise la plus profonde, mais il ne dit rien.

— Voilà qui est d'un heureux augure ! — pensa Grégory, — le vieux coquin ne s'attendait pas à trouver les diamants si beaux.

Samuel ouvrit successivement tous les écrins et les rangea à côté les uns des autres. — Ses yeux clignotants pétillaient. — Un sourire indéfinissable plissait ses lèvres minces.

Quand il eut achevé, il se retourna, toujours silencieux, vers le prince et le regarda bien en face.

— Eh bien! — demanda Grégory, qui trouvait étrange l'expression de ce regard — qu'en dites-vous?

— Et vous? — répliqua Samuel.

— Moi? — Mais je n'ai rien à dire... — C'est à vous d'estimer la valeur de ce que j'apporte... — Pour moi, vous le savez, ces diamants valent au bas mot six cent mille francs. — C'est là un chiffre sérieux, fixé par un vrai connaisseur, un bijoutier de la rue de la Paix... — Que valent-ils pour vous?

— Ah ça, voyons! — reprit Samuel en essayant de croiser sur sa poitrine ses bras trop courts pour se rejoindre, — expliquons-nous un peu! — Êtes-vous dupe ou... autre chose? — Vous devez être dupe, car à qui viendrait-il dans l'esprit qu'on peut facilement dindonner un vieux renard madré comme moi?

— Je ne vous comprends pas... — balbutia le prince très-inquiet. — Ces diamants?...

— Où diable voyez-vous des diamants? — s'écria le juif. — Tout cela, c'est du strass, et si on en donnait cinquante écus, à cause des montures qui sont en argent, ce serait le bout du monde... — Aussi je ne les offre pas.

Le Valaque éprouva une commotion violente, comme s'il venait de recevoir un coup de marteau sur le crâne. — Il essaya pourtant de lutter.

— Impossible! — dit-il, — impossible! — Vous vous trompez... vous voulez me tromper...

L'honnête Samuel, blessé au vif par ces derniers mots, referma les écrins, le enveloppa dans le journal, rattacha les ficelles, et, tendant le paquet à Grégory, lui dit sèchement:

— Quand vous aurez des affaires de ce genre à proposer, adressez-vous ailleurs, s'il vous plaît... — Mon temps est précieux... — Bonjour...

Et il le poussait vers la porte.

Le prince sortit, anéanti, désespéré. — La planche de salut sur laquelle il avait compté se brisait à l'improviste sous ses pieds. — L'immense travail accompli depuis deux jours était un travail perdu. — Il fallait fuir, changer de nom, se cacher! — Quel effondrement!

Tout à coup un espoir lui vint. — Qui sait si Samuel n'avait point menti, poussé par un mobile inconnu?

Au moment d'atteindre la porte de la rue, Grégory ouvrit le plus petit des écrins, y prit un bouton d'oreille dont il brisa la monture, et, au risque de se compromettre effroyablement par cette imprudence, il entra chez un bijoutier du boulevard Beaumarchais, lui montra la pierre et lui dit :

— Je viens de trouver ça dans la poussière, monsieur. — Ça vaut-il quelque chose?

— L'imitation est belle, — répliqua le bijoutier. — En voulez-vous cinq francs?

Mais, — se demandent nos lectrices, — le joaillier de la rue de la Paix avait donc pris des cailloux du Rhin pour des diamants de l'eau la plus pure?

En aucune façon. — Les vrais diamants existaient, seulement Clorinde, prudente et bien avisée malgré son apparente folie, ne s'en servait à son théâtre qu'aux soirs solennels des premières représentations, et les remplaçait, le reste du temps, par des copies de ses parures... — On sait maintenant que sa prudence venait d'être récompensée, et l'on comprend sa philosophie en voyant le voleur volé !

— Allons, — murmura Grégory, tandis qu'il rejoignait le boulevard Haussmann, — il ne me reste plus que la comtesse de Nancey... — C'est mon dernier atout ! va-t-il se changer en feuille morte? — Je le saurai demain...

XXI

GRAND COMÉDIEN.

Le soir de ce même jour Grégory se rendit à l'hôtel de la rue de Boulogne. C'était un jeudi et la comtesse recevait.

Blanche trouva moyen de s'isoler avec le Valaque pendant quelques secondes au milieu de la foule qui remplissait ses salons, et, donnant à sa physionomie l'expression d'une souriante indifférence, elle lui dit bas et rapidement :

— Que se passe-t-il? — Pourquoi depuis deux jours ne vous ai-je pas vu, et quel est ce danger dont vous m'avez parlé?...

Grégory prit l'éventail que tenait la jeune femme, puis, le déployant comme pour en examiner attentivement les peintures, il répondit :

— Le comte était caché, l'autre soir, au fond de la loge grillée du théâtre des Caprices-Parisiens. — Il vous guette et vous suit, j'en ai la preuve. — La petite comédie de la fleur attachée par vous à la boutonnière de Cleveland n'avait d'autre but que d'égarer ses soupçons. — Nous avons réussi... C'est de Cleveland aujourd'hui qu'il se défie. — Le danger s'éloigne de nous, au moins pour quelques jours. — Venez demain... il faut que je vous parle. J'ai beaucoup de choses à vous apprendre qui ne peuvent se dire ici.

— J'irai... — répondit la comtesse, et, comme plusieurs personnes s'approchaient et devaient entendre, elle ajouta tout haut, en reprenant son éventail et en désignant du bout du doigt les bergères en panier, les bergers poudrés à frimas et les moutons enrubannés de rose : — Oui, prince, c'est d'après Lancret, et copié, comme vous voyez, avec beaucoup de grâce et d'esprit.

Le Valaque, rentré chez lui, passa une nuit fort agitée.

Une semaine, tout au plus, le séparait de la terrible échéance de la fin du mois.

— Nous disons *tout au plus*, car, s'il n'était point en mesure de faire face à cette échéance, il devrait bien se garder d'attendre au dernier jour pour quitter la France et pour se soustraire par la fuite aux chances d'une arrestation immédiate...

Grégory se préoccupait beaucoup de son entrevue du lendemain avec la comtesse.

Ainsi qu'il se l'était dit à lui-même, madame de Nancey était le dernier atout de son jeu. — Assurément il comptait sur elle; mais, si bas qu'un homme soit descendu, c'est chose difficile de demander trois cent mille francs à une femme dont on est l'amant.

Blanche l'aimait, il n'en doutait pas; mais cette question d'argent, étrange, inattendue, ne produirait-elle point sur son amour l'effet d'une douche d'eau glacée?

Le Valaque était merveilleusement renseigné au sujet de la situation pécuniaire de sa maîtresse. — Il savait que Paul de Nancey, en épousant mademoiselle Lizely, avait eu la pudeur de ne vouloir mettre la main en aucune façon dans une fortune dont nous connaissons l'origine. — La séparation de biens entre les époux était en conséquence stipulée dans le contrat de mariage. — Madame de Nancey administrait seule les quinze cent mille francs provenant de l'héritage du pair d'Angleterre. — Ce million et demi, représenté par des valeurs de premier ordre, était immédiatement réalisable.

Donc la comtesse pouvait le sauver; — mais le voudrait-elle?

Ce doute, grandissant à mesure que s'écoulaient les heures, lui donnait une fièvre ardente.

Une soudaine lueur éclaira son esprit et rafraîchit le sang dans ses veines.

— Je crois que j'ai trouvé ! — se dit-il. — Un emprunt serait maladroit, et, même en admettant que Blanche fît ce que je désire, je perdrais forcément mon prestige à ses yeux... — Pourquoi se contenter d'une part du gâteau, quand il est possible de l'avoir entier ? — Tout obtenir sans rien demander, voilà ce qu'il faut faire...

Vers les deux heures de l'après-midi la comtesse arriva, vêtue de sa robe la plus sombre et voilée comme de coutume.

Le Valaque l'entraîna dans la chambre à coucher. — Elle releva son voile. — Il lui prit les deux mains et, sans prononcer une parole, il la contempla longuement.

Certes, Grégory pouvait passer pour un grand comédien. — Il était pâle, il avait su donner à sa physionomie quelque chose de *fatal*, comme on disait en 1830. — Une sorte de douloureux attendrissement se lisait dans ses yeux, et sous la frange de ses longs cils on devinait des larmes contenues.

— Grégory, — s'écria la comtesse inquiète, — pourquoi me regardez-vous de cette façon ? — Il se passe quelque chose, j'en suis sûre ! — Je ne vous ai jamais vu ainsi... — Vous ne m'avez pas même embrassée ! — Grégory, je veux tout savoir... — Un danger vous menace...

Le Valaque fit de la tête un signe affirmatif.

— Un danger ! — répéta Blanche impétueusement, — lequel ?

— Le plus terrible de tous, et le plus inévitable, hélas !... — la séparation...

Madame de Nancey haussa les épaules.

— Allons, ce n'est pas sérieux ! — dit-elle. — Rien ne pourrait vous séparer de moi, — sauf votre volonté pourtant, — ajouta-t-elle en fronçant les sourcils. — Grégory, ne m'aimez-vous plus ?

— Je vous adore ! vous le savez bien ! — répliqua le prince avec un accent passionné.

— Eh bien ! alors ? — Cette séparation dont vous parlez, qui nous l'imposerait ? — qui donc pourrait se placer entre nous ? — Le comte n'existe pas pour moi, vous en avez la preuve, et d'ailleurs vous êtes homme à ne craindre personne.

— Blanche, — répondit Grégory d'une voix émue, — vous ne connaissez qu'un côté de ma vie, le côté mondain, celui qui s'étale au grand jour ; mais il en est un autre...

— Aviez-vous donc des secrets pour moi, pour moi que vous prétendez aimer?— interrompit madame de Nancey.

— Je me serais reproché comme un crime de vous créer d'inutiles soucis, des inquiétudes de toutes les heures ! Ah ! vous ne l'auriez jamais connu, ce secret qu'il faut bien vous apprendre aujourd'hui.— Ma liberté, ma vie, sont menacées.— Si je reste à Paris, c'est la prison sans fin, c'est peut-être la mort !

— Qu'avez-vous fait? qu'avez-vous fait?—murmura Blanche dévorée d'angoisses en entendant ces paroles obscures.

— J'ai conspiré...

— Vous ! vous qui n'êtes pas Français !

— Orsini, lui aussi, était étranger !— J'avais juré de continuer son œuvre.— Je rêvais de réussir là où il a échoué.

— Mais que vouliez-vous donc?

— La mort de l'Empereur !

Madame de Nancey, pâle comme un spectre, fit un geste d'épouvante.

— Cela vous étonne?— reprit le Valaque.— Vous comprenez mal que moi, prince, je sois démocrate...— Cela est cependant ainsi!...—Il est une poignée d'hommes, et j'en suis, qui veulent changer la face du monde...— Nos ambitions n'ont point de limites...— Nous avons fait le serment de fonder, sur le tombeau du dernier des rois, la République universelle, pour devenir à notre tour maîtres suprêmes et dictateurs.

— Mais c'est de la folie !

— Cela s'appelle ainsi jusqu'au jour du succès...

— Malheureux !

— Oui ! vous avez raison, comtesse !... Malheureux, parce que j'échoue...—Tout était prêt... Le complot formidable allait éclater comme le tonnerre ! — Un de ces complices en sous-ordre dont on ne saurait se passer dans une semblable entreprise a pris peur, ou bien s'est vendu... — Il ne savait pas tout et n'a pas pu tout dire ; mais quand la police française tient un bout du fil conducteur, elle va jusqu'au bout d'un pas ferme... — Elle connaîtra demain ce qu'elle ignore encore aujourd'hui... — Je serai découvert l'un des premiers, moi le plus haut placé et le plus compromis... — C'est dans l'ordre !... — Si l'on m'arrête, je suis perdu ! — Donc il faut fuir, vous le voyez bien, et l'adieu que vous allez entendre doit être un éternel adieu...

La comtesse, anéantie, s'était laissée tomber sur un siége et cachait son visage dans ses mains.— On voyait, à travers ses doigts, de grosses larmes couler sur ses joues.

Après un instant de silence, elle releva la tête. — Elle était pâle et très-émue, mais ses larmes ne coulaient plus.

— Ainsi, — demanda-t-elle, — vous partez?

— Oui.

— Bientôt?

— Demain.

— Et vous pourrez vivre sans moi?

— Je l'espère si peu que je resterais, je vous le jure, si ma tête seule était en jeu! — Je ne crains pas la mort, et je l'ai prouvé plus d'une fois... — Mais on peut me laisser la vie et me jeter dans une prison d'où je ne sortirais jamais... — Peut-être m'envoyer au bagne... — Je vous l'avoue, cela me fait peur... — Voilà pourquoi je pars...

Les yeux de la comtesse étincelaient. Ses joues livides s'étaient soudainement colorées. Tout son visage exprimait une résolution suprême.

— Grégory, — dit-elle d'une voix ferme, — sur votre honneur de gentilhomme vous me jurez que vous m'aimez?

— Plus que ma vie et plus que tout!... — répondit le Valaque. — Je le jure!...

— Et vous m'aimerez toujours ainsi?

— A vous sera mon dernier souffle, à vous ma dernière pensée...

— Je vous crois, et je n'hésite point! — Prince, chassez toute tristesse! — Qu'importe la fuite, qu'importe l'exil, quand on est deux et quand on s'aime? — Vous ne serez pas seul, Grégory...

— Que dites-vous? que voulez-vous dire? — demanda le Valaque avec exaltation. — Je n'ose comprendre le sens que vos paroles semblent avoir... Si je me trompais, je souffrirais trop...

— Vous ne vous trompez pas! Vous avez bien compris! — Grégory, je pars avec vous...

Le prince prit dans ses bras madame de Nancey, et, la pressant contre son cœur, s'écria :

— Que ceux qui m'ont trahi soient pardonnés et soient bénis! — Ils croyaient me perdre, ils m'ouvrent le ciel! — Rêves insensés de politique, envolez-vous à tout jamais! — Qu'importe la chute des empires, l'ambition triomphante et le pouvoir suprême? — Il n'y a qu'une chose ici-bas qui soit vraie, qui soit grande, et qui d'un homme fasse un dieu, c'est l'amour!

Le Valaque mit un genou en terre devant la comtesse enivrée et reprit :

— Blanche adorée, crois-moi, nous serons bien heureux... — L'avenir nous

— Blanche, chère Blanche, ma Blanche adorée! — réprit le Valaque. — (Page 114.)

garde des joies dont la pensée fait bondir mon cœur... — Là-bas, tout là-bas, dans
ces vastes domaines où je suis plus que roi, nous cacherons nos amours éternelles
et nos bonheurs sans fin... — Je passerai ma vie à tes pieds... — Dans mon pays
le mariage n'est point indissoluble... — On peut rompre d'odieuses chaînes... —
Le divorce te rendra libre... — Tu quitteras un nom qui n'est pas digne de toi...
tu seras ma femme... tu seras princesse...

Blanche, sans rien répondre, écoutait Grégory et se disait tout bas :

— Enfin ! — enfin ! — cette existence, si longtemps et si vainement rêvée, la voilà donc qui vient à moi ! — Cette triple volupté de la vengeance satisfaite, de la haine assouvie et de l'amour que rien n'entrave, je vais donc la goûter enfin !...

XXII

DÉPART.

— Blanche, chère Blanche, ma Blanche adorée ! — reprit le Valaque après un long silence, — au moment d'accepter l'immense sacrifice que vous voulez me faire, il me prend comme un remords...

— Un remords ? — interrompit la comtesse. — Et pourquoi ? — Je ne vous comprends pas...

— Songez-y bien, — continua le prince, — l'amour du pays où l'on est né a dans le cœur de profondes racines ! — C'est un exil sans fin que vous acceptez en me suivant... — Le grand scandale qui va se faire autour de votre nom vous condamne à partir sans esprit de retour.

— Croyez-vous donc que je l'ignore ?

— Si vous alliez regretter plus tard...

— Regretter quoi ? — Quand vous m'aimez... quand vous me consacrez votre vie, quand vous me dites que je serai votre femme... que voulez-vous que je regrette ? — Non, non, croyez-moi, Grégory, il ne restera rien derrière moi... rien, pas même un souvenir ! — Avant que nous ayons franchi la frontière, le passé, l'odieux passé, ne sera plus pour moi qu'un rêve.

— Et cependant vous laissez en France des intérêts sérieux ?

— Je vous répète que je ne laisse rien, — interrompit de nouveau madame de Nancey. — Ma fortune sera réalisée demain, je l'emporte avec moi.

Cette réponse enlevait au Valaque son unique préoccupation. — Il savait ce qu'il voulait savoir ; — il ne lui restait plus, désormais, qu'à jouer la comédie du désintéressement comme il avait joué celle de l'amour ; aussi se hâta-t-il d'ajouter :

— Eh ! qu'importe votre fortune ? — Pourquoi m'en parlez-vous ? — Je la déteste, cette fortune ! — Ignorez-vous que je ne connais pas le chiffre de la mienne ? — Je voudrais vous voir pauvre, pour avoir ce bonheur immense de faire de vous la plus riche des femmes, comme vous en êtes la plus aimée !

— Je le crois, je le sais, j'en suis sûre ! — s'écria Blanche. — Mais aux choses du cœur il ne faut rien mêler de celles qui touchent à l'argent. — Une pièce d'or venant de vous me brûlerait les mains jusqu'au jour où je serai princesse Grégory.

Le Valaque — (nos lecteurs n'ont à cet égard aucun doute) — était homme à apprécier mieux que personne une pareille délicatesse. — Il ne la combattit point.

Le reste de l'entretien fut consacré à traiter à fond la question du départ.

Il fut convenu qu'on se dirigerait tout d'abord vers l'Allemagne, et qu'en conséquence la comtesse, sans autre bagage qu'un grand nécessaire de voyage contenant son portefeuille et ses bijoux, se trouverait le lendemain soir à la gare du chemin de fer du Nord où elle retrouverait le prince, et que tous deux partiraient pour Cologne dans un compartiment réservé du train-poste de huit heures vingt-cinq minutes.

Grégory se chargeait d'obtenir le passe-port d'un Russe de ses amis *voyageant avec sa femme*, et dont le signalement se rapportait à peu près au sien.

Lorsque le comte de Nancey ne pourrait plus douter de la disparition de Blanche, les fugitifs auraient déjà quitté la France et il ne serait point possible de faire jouer le télégraphe pour les arrêter à la frontière.

Immédiatement après sa visite au boulevard Haussmann, la comtesse alla chez son agent de change, — sur le dévouement et la discrétion duquel elle pouvait absolument compter, — et lui donna l'ordre de réaliser immédiatement toutes ses valeurs, fallût-il subir pour cela un sacrifice considérable, et de lui en remettre le montant dans l'après-midi du lendemain, en traites à vue et au porteur sur les principales maisons de banque de l'Allemagne.

Madame de Nancey, étant maîtresse de sa fortune, — maîtresse absolue et sans contrôle, — l'agent de change accepta le mandat, et, quoique très-surpris, l'exécuta sans perdre une minute, au mieux des intérêts de sa belle cliente.

Le lendemain, à l'heure dite, Blanche enfermait dans un portefeuille de moyenne grandeur une somme de près d'un million et demi, sous la forme de quelques minces feuilles de papier, et glissait dans sa poche un petit rouleau de vingt ou vingt-cinq billets de banque de mille francs, pour subvenir aux dépenses les plus urgentes.

Elle ne pouvait emporter, nous le savons, ni vêtements ni linge. — Il faudrait donc, à la première halte, — c'est-à-dire à Cologne, — se créer une garde-robe à peu près complète.

Cette journée du départ parut à madame de Nancey tout à la fois très-courte et très-longue ; — deux choses qui semblent inconciliables.

Elle la trouva courte parce qu'elle avait à s'occuper de mille détails pour lesquels les heures restant à s'écouler suffisaient à peine, et longue en même temps à cause de son désir ardent de sentir le train s'ébranler, d'entendre siffler la vapeur, et de voir s'agrandir à chaque tour de roue l'espace qui la séparerait de Paul, son mari détesté.

Elle se délectait à se représenter l'étonnement, puis la colère, puis le désespoir de M. de Nancey quand il aurait la certitude de son abandon.

— Il en deviendra fou ! — se disait la comtesse, — et ce sera le couronnement de ma vengeance ! Et tandis qu'enragé de jalousie et de douleur, il cherchera dans l'ivresse de l'absinthe l'abrutissement qui donne l'oubli et mène à la folie, moi, triomphante, aimée, heureuse, au bras de Grégory, je songerai, pour doubler mon bonheur, aux souffrances de l'homme qui m'a tant fait souffrir !...

Blanche, au moment de quitter l'hôtel pour se rendre chez son agent de change, avait donné l'ordre de louer pour elle une loge à au théâtre de la Porte-Saint-Martin.

Elle avait fait choix d'un théâtre du boulevard pour donner un prétexte extrêmement plausible à la simplicité de sa toilette du soir : — une robe de soie noire, avec laquelle elle devait voyager.

On se mettait d'habitude à table à sept heures à l'hôtel de la rue de Boulogne. — Madame de Nancey fit avancer le dîner d'une demi-heure. — Le spectacle commençait à sept heures et demie, et sans doute elle ne voulait rien perdre des péripéties du prologue.

Pendant le repas elle fut charmante avec le comte, — charmante comme elle ne l'avait jamais été depuis le jour de leur mariage.

On sait combien facilement un homme très-épris ouvre son âme aux plus folles espérances et se repaît d'illusions qu'il prend pour des réalités. — Un regard, un sourire, suffisent à cet homme pour lui faire oublier bien des douleurs et pour lui montrer prêtes à s'entr'ouvrir les portes d'un paradis qu'un instant auparavant il croyait à jamais fermées...

Paul, voyant la comtesse de Nancey si semblable à la Blanche Lizely du temps passé, sentait ses soupçons se dissiper, ses jalousies s'évanouir. — Il se disait que les joies disparues pouvaient revenir, que le bonheur envolé pouvait renaître.

La comtesse, par un raffinement de cruauté féminine, se proposait de rendre plus douloureux encore le coup frappé par elle, en atteignant un cœur gonflé d'espoir.

— Blanche, — demanda M. de Nancey, — voulez-vous que je vous acompagne?

— Non... — répondit la jeune femme. — J'ai donné deux places dans ma loge à madame de Clamecy et à sa sœur. — Elles doivent m'y rejoindre... Mais, — ajouta-t-elle avec un sourire enivrant et plein de promesses qui tourna la tête à Paul, — mais je ne vous empêche pas de m'attendre...

Madame de Nancey s'enveloppa dans un grand châle de cachemire des Indes. Elle avait fait placer sur les coussins de la voiture une pelisse fourrée qui ne semblait point de saison. — Mais il fait chaud dans les théâtres, et la soirée pouvait être fraîche.

Un commissionnaire avait porté dans l'après-midi chez le Valaque le nécessaire contenant les bijoux de la comtesse.

Paul conduisit sa femme jusqu'au coupé qui stationnait devant le perron, et referma lui-même la portière.

Blanche lui tendit sa main dégantée, sur laquelle il appuya passionnément ses lèvres.

— Au revoir, — lui dit-il au moment où le coupé s'ébranlait. — A bientôt...

Madame de Nancey répondit par un charmant signe de tête, et, tout en souriant à son mari, elle pensait :

— Non, pas à bientôt! non, pas au revoir! — Tu ne me reverras jamais ! jamais ! jamais plus !...

La voiture arriva devant le théâtre. — Blanche descendit et gagna sa loge, où le valet de pied déposa la pelisse fourrée.

— Les ordres de madame la comtesse pour la voiture? — demanda-t-il.

— Qu'on vienne à minuit moins un quart, — répliqua Blanche.

Le valet alla transmettre cet ordre au cocher qui s'éloigna, puis, le titre du drame lui semblant alléchant, il prit au bureau un billet de parterre et il rentra dans la salle, non plus comme domestique mais comme spectateur.

De sa place il voyait la comtesse de Nancey. — Elle semblait distraite. — Évidemment elle n'accordait aucune attention au spectacle, et cependant Mélingue était en scène dans un décor d'un grand caractère.

— Ah çà! mais, qu'a donc madame? — se demanda le valet de pied, qui s'expliquait mal cette inattention manifeste.

Et, à partir de ce moment, il s'occupa de la comtesse beaucoup plus que du drame.

Tout à coup il la vit regarder sa montre, se lever brusquement, jeter sa pelisse sur son bras et quitter la loge.

— Tiens! tiens! tiens! — murmura ce bon serviteur, — voilà madame qui s'en va! — Est-ce que par hasard...? — Ça serait drôle! — Nous verrons bien! — Je perdrai le prix de mon parterre, mais ma foi, tant pis... — Ça sera toujours de la comédie, et d'ailleurs quand on sait sur ses maîtres quelque chose de curieux, ça rapporte souvent beaucoup...

A son tour il quitta sa place, au grand scandale de ses voisins; il n'oublia point de se faire délivrer une contremarque en sortant, et il arriva sur le boulevard juste au moment où la comtesse montait dans un petit fiacre et disait au cocher :

— Chemin de fer du Nord!

— Tiens! tiens! tiens! — répéta le valet de pied. — Faut croire que madame va voyager!... — Et M. le comte qui n'en sait rien! — C'est cocasse!

Suivant, sans le moindre respect pour sa livrée, l'exemple quotidiennement donné par les gamins de Paris qui veulent économiser des frais d'omnibus, il s'accrocha des pieds et des mains à l'arrière-train du petit fiacre, et se laissa véhiculer ainsi tout le long du boulevard de Strasbourg et du boulevard Magenta, jusqu'à la gare du Nord.

Là il descendit, — se cacha derrière la voiture pendant que la comtesse payait le cocher, — la vit tirer de sa poche une enveloppe carrée qu'elle jeta dans la boîte aux lettres qui se trouve à la gare même, puis entrer vivement dans la salle des Pas-Perdus.

Il la suivit en se dissimulant de son mieux au milieu de la foule, toujours considérable au moment des départs.

Un jeune homme en costume de voyage la rejoignit, lui offrit son bras, et disparut avec elle dans le couloir qui conduit aux salles d'attente.

— Le prince Grégory ! — murmura le valet de pied en riant cyniquement. — Très-bien ! — M. le comte a son affaire, et je crois que ça sera drôle ce soir ! J'en ai pour mon argent ! — La comédie est finie par ici. — Allons voir l'autre. — Heureusement que je pense à tout et que j'ai pris une contremarque ! — Très-malin, Bibi ! — Bibi, c'est moi !

XXII

LA FLÈCHE DU PARTHE

Blanche venait à peine de quitter l'hôtel que déjà le comte de Nancey songeait à la rejoindre au théâtre, et, sinon à partager sa loge, au moins à prendre un fauteuil d'orchestre d'où il pourrait la voir à son aise ; car il l'adorait, le malheureux ; oui, toujours et plus que jamais !

Bref, il était bien près de succomber à la tentation, quand une pensée soudaine l'arrêta.

— Non, — se dit-il ; — elle a refusé, — il ne faut pas lui désobéir. — J'aurais l'air de l'épier en la suivant ainsi... — Elle m'en saurait mauvais gré, et ce serait tout compromettre au moment où elle semble me revenir... — Comme elle était charmante ce soir ! — Elle retrouvait en me parlant son sourire d'autrefois, et dans son dernier regard, j'en suis sûr, il y avait une promesse...

M. de Nancey se rendit à l'un des cercles dont il était membre. — Il joua gros jeu pour tuer le temps, et malgré ses distractions évidentes la chance heureuse ne l'abandonna pas une minute.

Au moment où il se leva pour quitter la table du jeu, il avait devant lui une très-forte somme en or et en billets de banque.

Ce fut un *tolle* général.

— Comment, Nancey, — s'écria moitié riant, moitié sérieux, le joueur le plus maltraité, — tu fais charlemagne ! tu pars chargé de nos dépouilles ! à onze heures et demie à peine ! mais c'est insensé !... Cela ne se fait pas, mon très-bon ! Tu nous dois une revanche !

— Et je vous la donnerai de grand cœur et quand il vous plaira... — répondit le comte.

— Et bien ! tout de suite...

— Ce soir, c'est impossible... — Je suis attendu...

— Par une femme ?...

— Oui, mon cher, par une femme charmante...

— Qui s'appelle ?

— Tu es singulièrement indiscret ; mais enfin je veux bien répondre... — La charmante femme qui m'attend s'appelle la comtesse de Nancey.

Puis le comte, rayonnant de fatuité comme un homme en bonne fortune, mit dans ses poches l'argent qu'il venait de gagner, distribua des poignées de main à la ronde et quitta le cercle.

Quand il arriva rue de Boulogne, la voiture, partie depuis une heure pour aller chercher la comtesse, n'était point encore revenue.

M. de Nancey regarda sa montre.

— Minuit moins cinq minutes, — se dit-il, — les spectacles finissent tard... Quelquefois à minuit passé. — Blanche peut n'être ici que dans une demi-heure.

A minuit et quart, le piétinement des chevaux et le bruit des roues du coupé se firent entendre dans la cour.

— Enfin, la voici ! — pensa le comte, et il descendit vivement pour recevoir sa femme dans le vestibule.

Mais là, au lieu de se trouver en face de Blanche, il ne vit que le grand valet de pied dont la physionomie était singulière.

— Où est madame ? — lui demanda-t-il.

— Monsieur le comte, je ne sais pas..., — répondit le domestique.

— Comment ? — Madame n'est-elle donc pas revenue avec la voiture ?

— Non, monsieur le comte.

— Expliquez-vous...

— Oui, monsieur le comte... — Le spectacle était terminé environ un bon quart

— Qui vous a permis d'entrer? — Que venez-vous faire ici? — Page 125.

d'heure avant minuit, le public est sorti, les voitures sont parties, nous avons attendu pas mal de temps... — Madame la comtesse n'a point paru...

— Il fallait entrer dans le théâtre! vous informer!!!

— J'y ai bien pensé, monsieur le comte, mais on avait fermé les portes...

Paul se sentit mordu au cœur par une angoisse atroce qu'il dissimula de son mieux.

— Qu'on ne dételle pas..., — dit-il, — je sors...

Une minute après, sa voiture roulait vers la rue de Bondy où se trouve, comme on le sait, l'entrée des acteurs de la Porte-Saint-Martin.

Il monta chez le concierge du théâtre, le fit lever, et lui demanda si par hasard, pendant la soirée, une spectatrice s'était trouvée prise dans la salle de quelque malaise subit? — Rien de semblable n'avait eu lieu. — Aucun évanouissement, nulle syncope, n'étaient venus troubler le spectacle.

M. de Nancey remonta en voiture et se fit conduire chez la personne à qui la comtesse avait offert deux places dans sa loge, — si toutefois il fallait s'en rapporter à ses propres paroles.

Cette personne était couchée, et sans doute endormie.

Paul employa des arguments monnayés tellement persuasifs pour convaincre la femme de chambre, qu'il y réussit. — Elle consentit à entrer chez sa maîtresse, à l'éveiller au besoin et à lui demander, de la part du comte, ce que la comtesse était devenue en la quittant.

La réponse fut terrifiante.

Madame de Clamecy n'avait ni vu Blanche ni entendu parler d'elle depuis la soirée du précédent jeudi...

Ainsi donc madame de Nancey était prise en flagrant délit de mensonge; et, ce mensonge, que cachait-il? — Le mari le plus optimiste ne pouvait se faire, à ce sujet, de bien consolantes illusions...

Le comte atterré revint à l'hôtel. — Un dernier espoir lui restait. — Sa femme serait rentrée peut-être tandis qu'il la cherchait au dehors! — Cet espoir dura peu... — l'absence de Blanche se prolongeait!

Paul ne se coucha point, avons-nous besoin de le dire? et la nuit qu'il passa fut effroyable... — Il se souvenait de cette soirée folle et scandaleuse où la comtesse avait traîné son nom au bal du jardin Bullier et au souper des cocodès.

Le motif qui, cette nuit, la retenait dehors, était sans doute de même nature et peut-être, qui sait? plus inavouable encore!

Nous l'avons dit, — nous le répétons, — tout se paye! — Les tortures inouïes infligées à Paul étaient l'expiation méritée du crime accompli jadis! — Blanche Lizely vengeait la première comtesse de Nancey! — Dieu est juste!

Quand parut l'aube pâle du jour, M. de Nancey ressemblait à un fantôme bien plus qu'à un vivant. — Le meurtrier de Marguerite avait vieilli de dix années pendant ces heures lentes dont les minutes s'étaient succédé en lui apportant, l'une après l'autre, une plus brûlante blessure, une douleur plus poignante.

Neuf heures du matin sonnèrent. — Le valet de chambre entra.

— Que voulez-vous? — lui demanda Paul, sans même lever les yeux sur lui.

— Le courrier de monsieur... — répondit le domestique en plaçant à portée de la main de son maître plusieurs lettres sur un plateau d'argent.

Puis il sortit.

Des lettres! — Qu'importait à Paul? — A quelle personne, à quelle chose pouvait-il s'intéresser encore? — Des indifférents, des importuns s'adressaient à lui! — Pourquoi? — Ces lettres l'irritaient... — Il les prit pour les broyer entre ses mains, pour les lacérer sans les lire, pour les fouler aux pieds...

Il allait le faire... il commençait déjà... Un cri s'échappa de ses lèvres... Ses yeux semblèrent s'agrandir... son regard devint fixe. — Sur le papier vélin d'une enveloppe carrée, il voyait l'écriture de Blanche!

Blanche avait écrit... il allait savoir... —Tout est possible, même l'impossible... — Cette enveloppe renfermait peut-être la justification de sa femme...

La main du comte tremblait si fort qu'il ne déchira point sans peine ce papier mystérieux d'où l'inconnu devait se dégager.

Une feuille double s'en échappa. — Déception! — C'était une lettre imprimée, une lettre élégante, timbrée d'un écusson, — le sien.

Que signifiait cela?

Paul, dont une nuit d'insomnie et d'écrasantes émotions troublait la vue, fit un effort de volonté, essuya ses yeux et lut :

Le comte Paul de Nancey a l'honneur de vous faire part de son mariage avec mademoiselle Marguerite Bouchard, de Montmorency.

Cette lettre, il avait commis jadis la honteuse infamie de l'envoyer à Blanche au chalet de Ville-d'Avray. — Il s'en souvenait bien. — Pourquoi Blanche l'avait-elle conservée? Pourquoi la lui renvoyait-elle aujourd'hui?

Au moment de se poser ces questions, il aperçut au bas de la page ces quatre lettres majuscules :

T. S. V. P.

Il tourna la feuille en effet. — Trois lignes écrites à la main se détachaient au milieu de la page blanche.

Les voici :

La comtesse Paul de Nancey a l'honneur de vous informer de son départ avec le prince Grégory S...

Puis, la date, — celle de la veille.

Blanche n'avait pu résister à l'ardent désir de porter à son mari ce coup terrible en s'éloignant. — Toute sa revanche, toute sa vengeance, tenaient dans ces quelques mots.

Paul, en lisant cette bravade insultante, chancela comme un homme frappé à la fois au cœur et à la tête. — Il suffoquait ; une défaillance allait le terrasser sans doute, — le tuer peut-être. — Il lutta. — La réaction se fit, rapide. — A la stupeur succéda la colère, une de ces colères folles pendant lesquelles on frappe en aveugle, on déchire, on brise, on tue...

— Ah ! — cria-t-il, sans avoir conscience que ses paroles retentissantes pouvaient être écoutées et devaient être entendues par ses gens, — c'était donc lui ! — Le misérable ! — Prince maudit, que je haïssais sans savoir... que je haïssais de toutes mes forces... et maintenant... oh ! maintenant, j'aurai sa vie ! — il sait bien que je tue, ce prince... Aussi, lâchement, il s'enfuit, entraînant sa complice !... Ah ! je les frapperai tous les deux... sans pitié, sans remords... Mais où sont-ils ? — où les poursuivre ? où les retrouver ? où les punir ?

On heurta doucement à la porte. — M. de Nancey ne répondit pas.

La porte alors s'ouvrit sans bruit et le valet de pied qui, la veille, avait accompagné madame de Nancey au théâtre de la Porte-Saint-Martin, parut sur le seuil.

— Il s'efforçait vainement de donner à sa trogne enluminée une expression attendrie ; — il avait la mine humble et basse, l'air obséquieux et rampant.

Voyant que Paul ne s'occupait point de lui, ne semblait même pas s'apercevoir de sa présence, il entra, le dos voûté, et s'avança doucement jusqu'au milieu de la chambre.

XXIV

POURSUITE.

— Où sont-ils? — répétait M. de Nancey. — Où les chercher? où les trouver?

Il vit en face de lui, tout à coup, le visage hypocrite et sournois du valet de pied. — La présence inattendue de cet intrus grandit encore sa colère.

— Qui vous a permis d'entrer? Que venez-vous faire ici? — s'écria-t-il avec un geste de menace. — Sortez! je vous l'ordonne... Sortez! mais sortez donc!...

Le domestique, nullement intimidé, ne fit pas mine d'obéir.

— Monsieur le comte parlant très-haut, — dit-il, — j'ai entendu...

— C'est-à-dire que vous êtes un espion! Vous écoutez aux portes! vous guettez les paroles qui m'échappent!... Je vous chasse!

— J'avais cru bien faire, cependant, — murmura le valet, — ayant à rendre un service à monsieur le comte...

— Un service? vous! à moi?

— On a souvent besoin d'un plus petit que soi... — articula sentencieusement le drôle, — et monsieur le comte désirant un renseignement au sujet de ce que madame la comtesse est devenue...

— Vous le savez? — interrompit Paul avec violence.

— C'est-à-dire que je connais quelqu'un qui le sait.

— Et qui me le dira?

— Ça ne fait pas l'ombre d'un doute... Mais mon ami est un pauvre diable... il a entendu parler, comme tout le monde, de la générosité de monsieur le comte... et...

— Et il veut de l'argent, n'est-ce pas? — acheva M. de Nancey.

— Dame!... monsieur le comte...

— Eh bien! il en aura... — Que lui faut-il?

—J'ai ses pleins pouvoirs... — J'accepterai pour lui telle somme que monsieur le comte jugera convenable... bien certain que monsieur le comte ne lésinera pas...

Paul, ne s'étant point déshabillé de toute la nuit, avait encore dans ses poches l'argent gagné la veille au soir à son cercle. — Il prit au hasard une dizaine de billets de banque, et les tendant au valet il lui demanda :

— Est-ce assez?

— Oh! certainement.

— Eh bien! amenez-moi cet homme... — Ne perdez pas une minute, pas une seconde!... allez!... allez donc!!!...

—Inutile, monsieur le comte... — Mon ami, en me donnant ses pouvoirs, m'a communiqué ses renseignements... — Madame la comtesse, en compagnie du prince Grégory, est partie hier soir de la gare du Nord par le train de huit heures vingt-cinq minutes...

— Vous en êtes sûr?

— J'ai vu de mes yeux...

— Ainsi, c'était vous?...

— Oui, monsieur le comte... c'était moi...

— Une voiture, à l'instant! — la première venue! Courez...

Le valet de pied décampa, s'applaudissant in petto de sa curiosité et bénissant les femmes infidèles qui, pour le plus grand profit des bons domestiques, prennent le train-poste avec des Valaques.

Il héla au passage un maraudeur et revint annoncer à son maître que la voiture demandée l'attendait devant la grille de l'hôtel.

Dix minutes après, M. de Nancey descendait à la gare du Nord, demandait le commissaire de surveillance administrative, mettait en quelques mots ce fonctionnaire au courant de sa situation, et, conduit par lui, allait trouver le chef de gare, qui prit aussitôt des informations dont voici le résultat :

La veille, dans la journée, un jeune homme au signalement duquel on ne pouvait se méprendre, et qui n'était autre que Grégory, avait retenu l'un des coupés du train-poste et payé le prix de ce compartiment jusqu'à Cologne.

Ce jeune homme, en compagnie d'une dame voilée, s'était installé dans le coupé quelques minutes avant l'heure réglementaire du départ. — Il avait peu de bagages et sa compagne n'en avait pas du tout.

Paul ne pouvait douter désormais de l'exactitude des renseignements donnés par le valet de pied, et il ne songea plus qu'à se mettre à la poursuite des fugitifs.

Il était impossible de partir utilement par un autre train que celui du soir. — M. de Nancey, d'ailleurs, devait se munir d'un passe-port et le faire légaliser à l'ambassade allemande, sous peine de se voir refuser le passage à la frontière.

Les fugitifs auraient vingt-quatre heures d'avance, mais cela importait peu. — Le comte était sur la trace. — Il la suivrait sans se lasser, dût-elle le conduire au bout du monde. — Il tenait en main le fil d'Ariane. — Il ne le lâcherait pas...

Les heures de la journée s'écoulèrent lentement pour lui, pleines de fièvre, d'angoisses, de fureurs. — De même qu'il ne s'était point couché pendant la nuit précédente, il ne s'assit pas un instant et prit à peine quelque nourriture.

Brisé de corps et d'âme, il se sentait parfois défaillir, mais l'ardent désir de la vengeance le soutenait et lui rendait toute son énergie.

Il eut un passe-port bien en règle. — Il fit mettre dans une valise le linge nécessaire et les vêtements indispensables. — Il se munit d'une forte somme, ne sachant quelle serait la durée de son voyage. — Enfin il prépara deux épées de combat dans leur fourreau de cuir, et une boîte de pistolets de tir dans son étui de maroquin noir. — Il emportait de plus un petit revolver, de tout point semblable à celui que nous avons vu jouer un si terrible rôle dans le drame de la place Vintimille.

Muni de ce bagage et de cet arsenal, il arriva à la gare du Nord longtemps avant l'heure du départ, prit son billet pour Cologne et monta dans un compartiment de première classe, où le hasard lui donna pour compagnons de route des Anglais qui, ne sachant pas un mot de notre langue, ne cherchèrent point à lier conversation avec lui. — Cette circonstance heureuse lui permit de s'absorber librement dans ses pensées, dont nous connaissons la nature.

Quand il arriva à Cologne, ses forces surmenées étaient absolument à bout. — Son corps lui refusait le service, malgré l'énergie de sa volonté. — Il ne pouvait songer cependant à prendre du repos. — Il fallait commencer les recherches sans perdre une minute.

Qui sait si les fugitifs, ignorant qu'un hasard avait livré si rapidement leur piste au mari outragé, n'étaient point encore dans la ville?

M. de Nancey se fit conduire au premier hôtel de Cologne, prit une chambre, donna l'ordre de lui servir un repas improvisé et une bouteille de vin du Rhin, et tout en se contraignant à manger, car le besoin existait, mais non pas l'appétit, il interrogea.

Avant la guerre, dans tous les caravansérails des grandes villes d'Allemagne, les gens de service, sans cesse en rapport avec nos compatriotes, parlaient couramment le français. — Nous ignorons s'il en est de même aujourd'hui.

De ses questions et des réponses qui lui furent faites résulta pour lui la certitude qu'aucun couple de voyageurs arrivant de France n'était descendu la veille dans l'hôtel où il se trouvait.

Le domestique, rasé de frais, bien frisé, en habit noir, en cravate blanche, en gilet en cœur et en escarpins vernis, auquel il s'adressait, avait *travaillé* à Paris, au Grand-Hôtel, à l'hôtel des Princes, à l'hôtel Mirabeau et dans quelques autres bons endroits. — Il connaissait le monde et s'était *parisianisé* autant que sa lourde nature tudesque le lui permettait.

Malgré les efforts du comte pour conserver un calme apparent tandis qu'il interrogeait, ce valet voyait sans peine que le calme n'existait qu'à la surface et que le questionneur était un mari malheureux.

— Monsieur va sans doute s'informer ailleurs... — dit-il. — Je pourrais, si monsieur le jugeait à propos, lui épargner bien des démarches et beaucoup de fatigue... — Je connais tous les *premiers garçons* des hôtels de Cologne... — Monsieur m'ayant donné le signalement très-exact des personnes qu'il désire rejoindre, je me ferais fort de lui apporter en deux heures un renseignement précis.

M. de Nancey tira de sa poche un billet de banque.

— Si vous faites cela, — s'écria-t-il, — ces mille francs sont à vous !

— Affaire entendue, monsieur. — Je me mets en course à l'instant, et, pour aller plus vite, je vais prendre une voiture.

— Un mot encore, — continua Paul. — N'oubliez pas, si vous réussissez dans vos tentatives, que les personnes dont il s'agit ne doivent point savoir qu'on les cherche. — Ces sont des amis à moi, et je veux leur faire une surprise...

— C'était compris, monsieur, — répondit le garçon si bien frisé, avec un agréable sourire. — Je connais Paris, où l'on est très-malin, et je sais m'y prendre. — Les amis de monsieur auront leur surprise au grand complet. — Si j'osais, je donnerais à monsieur le conseil de se reposer un peu pendant que je vais courir, car il a l'air bien fatigué.

Paul suivit ce conseil. — Il baigna d'eau froide, à plusieurs reprises, sa tête brûlante et endolorie, et il se jeta sur un de ces lits déplorables, étroits, durs, garnis d'un matelas fait de trois morceaux, et qui rendent si odieux le séjour dans les hôtelleries allemandes.

Il n'était que trop certain, croyait-il, de ne pas dormir. — Il comptait sans l'épuisement complet de ses forces. — A peine sa tête avait-elle touché cet objet sans nom qui chez les Allemands remplace l'oreiller, qu'un lourd sommeil presque

Grégory et la comtesse de Nancey partant pour Hombourg. — Page 132.

semblable à une léthargie lui enleva le sentiment de la douleur, en même temps que la faculté de penser.

Trois heures s'écoulèrent.

Le garçon de l'hôtel entra dans la chambre, et, pressé sans doute de se voir en possession de la récompense promise, il s'approcha du dormeur et d'une voix très-haute, il dit :

— Monsieur... Hé! monsieur...

Paul tressaillit comme s'il venait d'être touché par l'étincelle d'une pile de Volta. — Il ouvrit les yeux et se dressa sur son lit.

— Eh bien ? — demanda-t-il avidement.

— Eh bien, monsieur, j'ai ce qu'il vous faut...

— Parlez vite !

— Et ce n'a point été sans peine... — J'ai visité cinq ou six maisons avant d'arriver au bon endroit...

— Enfin ?

— Enfin, j'ai découvert le pot aux roses, comme on dit à Paris... — C'est à l'*hôtel des Rois Mages*... — Le monsieur et la dame sont arrivés hier par le train-poste parti de Paris avant-hier soir... — Ils ont donné leur passe-port, et j'ai copié le nom : *Comte et comtesse Labadoff*...

— Ah ! — murmura Paul, — ce n'est pas cela !

— Que si, monsieur ! que si ! — Un passe-port ne signifie rien... — Ça s'emprunte, un passe-port... — Ce qui signifie beaucoup, au contraire, c'est la ressemblance des personnes avec le signalement que monsieur m'en a donné... — Grand et mince, le monsieur, — l'air fier, — la figure longue et très-brune, les cheveux courts et très-noirs, les moustaches fines et très-longues, faisant le crochet au bout... — Grande et mince également la dame, et si jolie qu'on n'en a pas souvent vu de pareille... — Les cheveux d'un blond singulier, qui n'est point le blond allemand... — Les sourcils noirs et les yeux aussi... — Elle appelle le monsieur *Grégory*, et le monsieur l'appelle *Blanche*... — Est-ce votre affaire ?...

— Ah ! — s'écria le comte en se dressant, — oui... oui... ce sont eux ! Continuez !

XXV

A HOMBOURG.

— Ainsi, monsieur est content de moi? — demanda le garçon d'hôtel au lieu de poursuivre son récit. — Monsieur trouve que j'ai fait vivement et proprement les choses?

— Oui! cent fois oui! — s'écria Paul. — Voici vos mille francs... Ils sont bien gagnés... Mais hâtez-vous! Vous voyez que je meurs d'impatience!

— Merci, monsieur, — répliqua le jeune Allemand en saisissant le billet de banque et en reprenant son récit: — La dame n'avait rien en fait de bagages, mais là, rien, absolument rien... pas seulement une valise. — On a mandé bien vite à l'hôtel tout ce qu'il y a dans la ville des modistes françaises, de lingères françaises, de confectionneuses françaises, à l'instar de Paris, et aussi un marchand de malles, — mais il est Bavarois, celui-là. — La dame a fait de gros achats et dépensé beaucoup d'argent... Aussi la voilà nippée comme une vraie mariée... oui, monsieur.

— Après! après! — murmura le comte.

— Je n'en sais pas plus long, monsieur.

— Oui... C'est juste... Que sauriez vous? — Et maintenant, conduisez-moi.

— Où donc, monsieur?

— A l'endroit où on vous a donné ces renseignements, à l'hôtel où ces voyageurs sont descendus. — Allons!... allons vite!

— Trop tard! monsieur.

— Comment?

— Le monsieur et la dame sont partis... — Ce matin, à dix heures, l'omnibus de l'hôtel des Rois Mages les a conduits en gare... avec de vrais bagages, cette fois...

— Partis! — s'écria Paul en se tordant les mains dans un indicible accès de rage. — Ainsi donc, ils m'échappent encore! — Partis! — répéta-t-il, — et pour où?...

— Je le sais, monsieur! — Pensant bien que ce détail intéresserait monsieur, j'ai poussé jusqu'à la gare. — J'ai là un ami qui est employé. — Je l'ai fait parler. — Le monsieur brun et la jolie dame blonde ont pris un coupé pour eux tout seuls. — Ils vont à Hombourg, près Francfort. — Monsieur sait bien, c'est là qu'on joue. — Ah! c'est un endroit très-connu... un joli endroit, monsieur, où l'on se paye de l'agrément, comme on dit à Paris.

Grégory conduisait Blanche à Hombourg, une ville de plaisir et de jeu. — Donc il n'avait point l'intention de traverser rapidement l'Allemagne et de mettre des espaces immenses entre lui et le mari dont il volait la femme...

M. de Nancey se dit ces choses et se sentit presque soulagé par la certitude absolue que les fugitifs ne pouvaient lui échapper désormais.

Ce calme relatif n'alla point cependant jusqu'à lui faire admettre l'idée de retarder d'un jour sa vengeance. — Tant de choses imprévues peuvent se passer en un seul jour!...

— Dans combien de temps puis-je partir? — demanda-t-il.

— Monsieur ne se repose pas ici cette nuit? — hasarda le garçon d'hôtel. — Cela ferait du bien à monsieur... — Vraiment monsieur n'a point bonne mine.

Paul fit un geste d'impatience.

— C'est à Hombourg que va monsieur? — reprit le sémillant Tudesque, à qui le mouvement du comte enlevait toute envie d'insister.

— Oui... à Hombourg...

— Je cours consulter l'Indicateur et je pourrai renseigner monsieur... Je reviens *illico*, comme on dit à Paris.

Le garçon reparut presque immédiatement avec cette réponse :

— Il y a un train dans quarante minutes, et si monsieur est prêt...

— Je suis prêt. — Ma note, vite, et une voiture.

— L'omnibus de l'hôtel conduira monsieur à la gare... *Banhoff*, comme on dit en allemand.

Le phénomène physique du sommeil invincible résultant de la fatigue plus forte que la volonté se produisit de nouveau en chemin de fer. — A peine M. de Nancey venait-il de se laisser tomber dans le coin d'un wagon, qu'il s'endormit et ne se réveilla qu'au moment où le train entrait en gare à Francfort.

De Francfort à Hombourg le trajet est court et s'accomplit en moins d'une heure et demie.

Il était minuit passé quand le comte mit pied à terre et se fit conduire à l'un des grands hôtels situés en face du Cursaal. — On n'entendait plus le bruit métallique des pièces d'or agitées par les râteaux des croupiers, ni les accords de l'orchestre célèbre dirigé par Johann Strauss.

— Monsieur soupera-t-il ? — demanda le garçon d'hôtel en allumant les bougies dans la chambre de Paul.

Celui-ci secoua négativement la tête.

— Monsieur désirerait peut-être voir un des médecins de l'établissement ?...

— Pourquoi cette question ?

— C'est que monsieur paraît un peu malade...

— Je suis fatigué, voilà tout...

— Je vais faire apporter les bagages de monsieur, et monsieur pourra se coucher...

Le garçon sortit.

Paul, debout en face de la cheminée, regarda machinalement son image éclairée par la flamme des bougies.

Il se fit peur... — Sa figure n'était plus celle d'un être vivant, mais un visage de spectre. — La barbe, que depuis trois jours il n'avait point rasée, brunissait le contour des joues. — Une pâleur terreuse envahissait le reste. — Un sillon bistré se creusait profondément autour des orbites. — Les yeux ternes semblaient éteints. — Les lèvres étaient blanches. — Le plus habile physionomiste n'aurait pu dire quel âge avait l'homme qui portait ce masque sinistre.

Ah ! Marguerite était bien vengée.

Le garçon rentra, accompagné d'un valet en sous-ordre chargé de la valise de Paul, la boîte à pistolets, et des épées dans leur fourreau de cuir.

— Monsieur a bien fait d'arriver ce soir, — dit-il ; — un peu plus tard peut-être il aurait eu peine à se loger, surtout dans cet hôtel qui est le meilleur de la ville. — La saison est très-suivie. — Les étrangers affluent, tous de la plus haute distinction. — Nous envoyons demain à la *Gazette de Hombourg* une liste brillante à laquelle monsieur, sans doute, voudra bien joindre son nom. Je citerai à monsieur, entre autres notabilités, un couple russe des plus remarquables installé à l'hôtel depuis quelques heures. La jeune femme peut passer pour une merveille de beauté. Le mari s'est rendu au Cursaal en descendant du train, et il a débuté par faire sauter la banque. Un joli coup, monsieur ! — On ne parlait que de lui ce soir. — Ah ! c'est un beau joueur ! un grand joueur ! Un joueur comme on n'en avait pas vu chez nous depuis le fameux Garcia, dont monsieur a certainement entendu parler.

Une sorte de frisson nerveux agitait les mains de Paul et faisait trembler ses lèvres.

— Comment appelez-vous ce Russe si beau joueur arrivé ce soir à Hombourg?— demanda-t-il d'une voix étranglée par l'émotion.

— Le comte Labanoff, — répondit le garçon d'hôtel. — J'ai moi-même inscrit son nom sur le livre, d'après son passe-port. — Il vient de Paris avec madame la comtesse... — Mais... mais... qu'a donc monsieur?... On croirait que monsieur va se trouver mal...

— En aucune façon... — Je vous le répète, c'est la fatigue.

— Je me retire pour laisser reposer monsieur...

— Un mot encore... — Ainsi le comte Labanoff habite cet hôtel!

— Oui, monsieur... — au même étage que monsieur... appartement numéro 21, au bout de la galerie... — Préviendrai-je demain matin Sa Seigneurie qu'une personne de sa connaissance est arrivée cette nuit?

— Nullement... je ne connais pas le comte...

— Monsieur voudra bien, je pense, me remettre son passe-port?

— Oui... demain... allez!

— J'ai l'honneur de souhaiter une bonne nuit à monsieur...

Le garçon sortit et l'on entendit le bruit lourd de ses pieds allemands résonner, puis s'affaiblir, dans les longs corridors.

Ce qui se passa sous le crâne de Paul resté seul est assurément plus facile à comprendre qu'à décrire...

Blanche Lizely, comtesse de Nancey, sa femme, — celle qu'il avait aimée jusqu'au délire et jusqu'au crime, — celle qu'il aimait encore, lâchement, jusqu'à la folie, — était là, près de lui, dans les bras d'un amant...

Quelques pas à peine le séparaient de cette chambre où l'adultère triomphant veillait...

Pour se donner l'âcre volupté d'une vengeance immédiate, que fallait-il? — longer une galerie, — jeter bas d'un coup d'épaule une porte dont il savait le numéro, — entrer, le cœur ferme, la main prête, et faire justice... — Jouer pour la deuxième fois, enfin, le drame de la rue Vintimille...

M. de Nancey prit son revolver de la main droite, ouvrit la porte, saisit un flambeau de la main gauche et s'élança dans la galerie. — Il n'alla pas loin. — Une réflexion soudaine l'arrêta brusquement.

— Non..., — se dit-il en revenant avec lenteur et la tête basse. — Le tuer ainsi, ce serait une vengeance misérable... — Il serait mort avant d'avoir souffert ! — Je veux tenir cet homme au bout de mon épée... trouer sa chair frémissante... atteindre son cœur palpitant... voir sa vie s'en aller avec son sang, goutte à goutte ! Je veux qu'il se sente perdu, et je veux, me penchant sur lui, insulter à son agonie !

Paul se disait aussi plus bas, bien bas, car en vérité il se faisait honte à lui-même :

— Blanche est coupable... Blanche est infâme... mais je ne veux pas qu'elle meure... — Où trouverais-je assez de courage pour frapper ce corps adoré... pour éteindre ces yeux divins ? — J'ai tué Marguerite sans pitié... Mais elle, Blanche, je ne pourrais pas... Ah ! je sens bien que je ne pourrais pas... — Tout est possible, excepté cela... oui, tout, même le pardon... — Qui sait?... un pardon généreux la ramènerait peut-être...

M. de Nancey rentra chez lui, referma sa porte et passa le reste de la nuit dans un état d'agitation, de fièvre et presque de délire dont nous ne pourrions donner à nos lecteurs, malgré tous nos efforts, qu'une idée vague, incomplète et terne. — Donc il vaut mieux nous abstenir.

Le jour parut.

Paul avait repris un peu de calme à mesure qu'approchait le moment d'agir. Il se regarda dans la glace, comme il l'avait fait quelques minutes après son arrivée, et il se trouva hideux.

— Je suis effrayant ! — se dit-il, — un gentleman ne peut aller sur le terrain avec cette mine de bandit !... — Que je doive tuer ou mourir, je serai gentleman jusqu'au bout... — D'ailleurs, si ELLE me voyait ainsi, je lui ferais horreur...

M. de Nancey sonna. — Il demanda le coiffeur de l'hôtel, se fit raser, ouvrit sa valise et s'habilla comme il avait l'habitude de s'habiller à Paris pour monter à cheval avant déjeuner.

Ces soins et cette toilette ne purent évidemment rien changer à sa pâleur livide, à ses yeux caves, à ses lèvres blanches, mais néanmoins ils opérèrent en lui une transformation considérable. — S'il garda la physionomie d'un mourant, tout au moins eut-il l'air d'un mourant gentilhomme.

Dix heures du matin sonnaient.

Paul mit ses gants, sortit de sa chambre, et se dirigea d'un pas ferme vers l'extrémité de la galerie...

XXVI

LE MARI ET L'AMANT.

Au moment où M. de Nancey fit halte en face de la porte sur laquelle se lisait le numéro 21, son cœur battait dans sa poitrine à coups sourds et redoublés ;—des bruissements bizarres remplissaient ses oreilles, et des étincelles fantastiques scintillaient devant ses yeux.

Il allait frapper quand il s'aperçut que la clef se trouvait en dehors, à la serrure.

Il ouvrit et se trouva dans une antichambre conduisant aux deux autres pièces dont se composait l'appartement : — un salon à droite, une chambre à coucher à gauche. — Paul hésitait entre les deux portes quand les sons d'un piano vinrent le tirer d'incertitude ; il fit quelques pas et posa sa main sur le bouton de la porte de droite.

— Qui est là ? — demanda depuis l'intérieur la voix de Grégory.

M. de Nancey ne comprit point cette question, faite en langue allemande par le Valaque qui croyait s'adresser à quelque garçon d'hôtel ; mais il en devina le sens et il répondit, en ouvrant brusquement la porte :

— Pardieu !... c'est moi !... — Est-ce que vous ne m'attendiez pas ?...

A l'instant où le comte, aussi terrible que le fantôme de Banco au festin de lady Macbeth, apparaissait sur le seuil de ce salon banal, la femme adultère, enveloppée dans un peignoir du matin et sa magnifique chevelure blonde flottant sur ses épaules, faisait de la musique au piano.

Grégory écrivait, assis auprès d'une petite table sur laquelle on voyait, parmi des papiers en desordre, deux pistolets à crosse d'ébène.

Le prince et la comtesse tournèrent la tête à la fois et, reconnaissant M. de Nancey, comprirent qu'il allait se passer quelque chose de terrible.

— Ah ! comme vous voudrez ! — dit-il. — Tuons-nous tout de suite.)... — (Page 138

Le Valaque s'était levé, plus pâle encore que de coutume.

Blanche se souvint du drame de la rue Vintimille.

— Il va nous tuer ! — pensa-t-elle ; et obéissant à cet instinct d'héroïsme qui se trouve si souvent au fond du cœur des femmes, elle se jeta devant Grégory, voulant lui faire un bouclier de son corps comme Marguerite l'avait essayé vainement pour sauver René de Nangis.

— Eh ! madame, n'ayez pas peur ! — dit le comte avec un rire étrange, effrayant à entendre, — vous voyez bien que mes mains sont vides...

Le premier mouvement de stupeur passé, Grégory fit bonne contenance.

— Je vous en prie, Blanche, écartez-vous..., — murmura-t-il en repoussant doucement la comtesse, — ceci est une affaire grave et qui doit se régler entre hommes.

Puis, d'une voix plus haute et s'adressant à Paul, il reprit :

— Je comprends ce que vous attendez de moi, monsieur...

— Vous comprenez cela ? — fit le comte avec son même ricanement sombre, — en vérité, monsieur, c'est heureux !

— Et je n'ai pas besoin d'ajouter que je suis à vos ordres..., — continua le Valaque.

— J'y compte bien..., — dit M. de Nancey d'une voix sourde en marchant vers Grégory, — mais tout votre sang ne suffirait pas à laver la tache que vous avez faite à mon honneur, et je veux, avant de vous tuer, vous rendre insulté pour insulte.

En prononçant ces mots Paul leva la main droite avec une rapidité foudroyante, et souffleta le Valaque sur les deux joues.

Blanche poussa un cri d'épouvante, Grégory un cri de rage... — Il bondit jusqu'à la petite table auprès de laquelle il écrivait, prit un pistolet, l'arma et en tourna le canon vers M. de Nancey.

Ce dernier avait tiré de sa poche un revolver et le braquait déjà sur la poitrine du prince.

— Ah! comme vous voudrez! — dit-il. — Tuons-nous tout de suite... ici même... j'y consens volontiers... Ce sera pour madame un régal de haut goût qui lui plaira sans doute...

Grégory voulait tuer, mais il ne voulait pas mourir.

S'il faisait feu, le comte riposterait, à moins — chose incertaine — qu'il ne tombât raide mort. — Les balles tirées presque à bout portant pardonnent peu. — Grégory se sentait perdu.

Ce raisonnement inattaquable calma soudain sa fureur. — Il laissa tomber son pistolet sur la table où il l'avait pris, et le comte fit en même temps disparaître son revolver.

Habile à tirer parti de tout, Grégory se félicitait déjà des soufflets qu'il venait de recevoir et qui mettaient, — il le croyait du moins, — une carte de plus dans son jeu.

— Vous avez déplacé la situation, monsieur le comte, — dit-il d'une voix rauque et sifflante, — c'est moi maintenant qui suis l'insulté, et j'ai le choix des armes...

—Que m'importe?

— Je choisis l'épée.

— Soit. — Avez-vous les vôtres?

— Non.

—J'ai les miennes, moi. — Les acceptez-vous?

—Je les accepte. — Quand nous battrons-nous?

— Dans une heure...

— C'est bien, — dit Grégory, — je vais faire en sorte de me procurer des témoins... Oh! les premiers venus, et je suis à vous...

— A quoi bon des témoins? — répliqua vivement le comte. — Sommes-nous dans ces conditions normales où les convenances ont force de loi?... Le combat sera mortel, au moins pour l'un de nous... C'est tout ce qu'il faut. — Qui s'inquiétera du cadavre inconnu qu'on trouvera demain? Personne ici ne sait mon nom et vous ne portez point le vôtre. Si la justice du pays se sentait émue et tentait de poursuivre, qui poursuivrait-elle? Le meurtrier serait déjà loin... Non, non, pas de témoins... Y consentez-vous?

— J'y consens.

— Il ne reste donc plus qu'à régler le lieu de la rencontre.

— Choisissez-le vous-même...

— Je viens à Hombourg pour la première fois... Je ne saurais...

— Les alentours de la ville me sont familiers... je puis vous renseigner...

— Faites-le donc...

— Je connais, à un quart de lieue de la ville, un petit bois peu fréquenté des promeneurs... — Il existe dans ce bois une clairière très-commode pour une rencontre... — Je m'y suis déjà battu... — Nous n'y serons pas dérangés et je doute qu'on puisse trouver mieux...

— Indiquez-moi le chemin, alors...

L'itinéraire était des plus simples. Grégory traça sur une feuille de papier à lettre une sorte de plan, grâce auquel M. de Nancey ne pourrait s'égarer.

— C'est bien, — dit le comte en sortant, — dans une heure je vous attendrai sur la lisière du bois...

— Et je ne m'y ferai point attendre..., — répliqua le Valaque.

Madame de Nancey, le visage plus pâle que celui d'une statue, avait assisté, muette et immobile, à la scène que nous venons de mettre sous les yeux de nos lecteurs.

Elle s'approcha de son amant aussitôt que la porte se fut refermée derrière Paul, elle appuya les deux mains sur ses épaules, et, plongeant les yeux dans ses yeux, elle lui dit d'une voix singulière qui ne ressemblait en rien à sa voix habituelle :

— Grégory, tu tueras cet homme, n'est-ce pas?

— Oui, — répliqua froidement le Valaque en touchant du doigt ses joues où la main du comte avait laissé son empreinte rouge. — Oui, certes, je le tuerai!

— Tu en es sûr?

— Pardieu!

— Sont-ils chargés, les pistolets que voilà?

— Ils sont chargés... — Pourquoi me demandes-tu cela?

— C'est que s'il t'arrivait malheur et si cet homme restait vivant, je ferais ce que tu n'aurais pu faire... Je me servirais de ceci...

Et Blanche, prenant une des armes qu'elle venait de désigner, la glissa sous les plis de son peignoir.

— Ah! vous êtes bien une vraie femme de mon pays sauvage, mon adorée Blanche! — répondit le prince en souriant; — une femme courageuse dans l'amour et forte dans la haine! — Mais le comte de Nancey n'aura point l'honneur de mourir de votre jolie main... — C'est moi qui le tuerai!

— Qui sait? — murmura la comtesse en secouant sa tête blonde, tandis qu'une flamme étrange passait dans ses yeux noirs.

**

Paul de Nancey, rentré chez lui, sentit avec terreur que ses forces physiques n'étaient point à la hauteur de sa résolution virile, et que son corps si effroyablement surmené depuis quelques jours, privé de nourriture et de sommeil, allait le trahir au moment où toute sa vigueur aurait à peine été suffisante pour lutter victorieusement contre un adversaire aussi redoutable que Grégory.

Le comte ne pouvait songer à prendre en ce moment des aliments solides, — son estomac contracté le lui défendait. — Il résolut de se donner une force factice à l'aide d'un spiritueux quelconque et se fit apporter une bouteille de rhum. — Après avoir vidé coup sur coup deux ou trois verres de son contenu, il se sentit singulièrement ranimé, et, mettant sous son bras les épées de combat dans leur fourreau de cuir, il quitta l'hôtel, s'orienta, sortit de la ville et se dirigea vers le petit bois où la rencontre devait avoir lieu.

La matinée était splendide. — Le soleil, que de légères vapeurs voilaient par intervalles, inondait de lumière joyeuse les pittoresques environs de la cité du trente-et-quarante. — Le capiteux parfum des regains nouvellement fauchés flottait dans l'atmosphère tiède. — Les oiseaux chantaient. — Les *Fritz* aux lourdes allures enlaçaient peu platoniquement les tailles épaisses des *Gretchen* aux cheveux couleur de filasse...

Çà et là des couples plus élégants, mais non moins amoureux, passaient lentement, la main dans la main, sous l'ombre des sentiers couverts.

Paul regardait ces choses et se disait tout bas :

— Ainsi, c'est vrai ! sous ce beau ciel, dans ces campagnes embaumées, il y a des hommes qui aiment et qui sont aimés ! qui aiment et qu'on ne trahit pas ! qui aiment et qu'on n'abandonne pas ! — Ils sont heureux, ceux-là, bien heureux !

L'insensé oubliait Marguerite, l'enfant chaste, la vierge aimante, trahie par lui, abandonnée par lui, tuée par lui !

Il ne se souvenait point qu'il avait eu dans les mains le plus complet bonheur accordé par la bonté de Dieu à une créature humaine, et qu'il avait volontairement éloigné de lui ce bonheur.

L'homme est aveugle et fou ! — Il appelle sur lui la foudre, et quand la foudre tombe et, l'écrase, il se plaint de son mauvais sort !

Paul atteignit la lisière du petit bois...

XXVII

LE COUP D'ÉPÉE

L'étonnement de Paul fut grand quand il vit que Grégory l'avait devancé au rendez-vous et l'attendait, assis sur un monticule de gazon, au pied d'un arbre deux fois séculaire.

Il regarda sa montre.

— Oh! vous n'êtes point en retard, monsieur le comte, — dit le Valaque en se levant, — j'ai marché plus vite que vous, et j'ai suivi peut-être un chemin plus direct. — L'endroit, vous le voyez, est charmant. — Nous allons prendre à gauche pour nous éloigner un peu de cette maison de campagne qu'on devine à travers les arbres, et gagner la clairière dont je vous ai parlé.

— Cette clairière est-elle loin encore? — demanda M. de Nancey.

— A cinq cents pas, à peine.

— Cinq cents pas, c'est beaucoup, — murmura Paul, chez qui l'excitation passagère causée par l'alcool commençait à disparaître, et dont les forces factices diminuaient rapidement. — J'éprouve quelque fatigue et nous nous battrons ici, s'il vous plaît.

— Dans ce chemin creux! — s'écria Grégory.

— Pourquoi non? — Le lieu me paraît excellent.

— Mais c'est un passage.

— Vous voyez bien que personne n'y passe.

— On peut venir à l'improviste.

— Qu'importe, si l'on ne vient pas?... — Notre combat, d'ailleurs, sera court...

— Soit! — fit le prince en mettant habit bas.

Paul suivit cet exemple, tira les épées de leur fourreau, les saisit par la pointe et présentant les poignées à Grégory, lui dit :

— Choisissez... — Et d'abord assurez-vous, je vous prie, que ces armes sont bien de la même longueur...

Le Valaque prit une des épées au hasard, avec un geste d'insouciance.

— Choisissez aussi votre place..., — continua M. de Nancey.

— Il n'y a pas à choisir, — répliqua Grégory, — les deux places se valent. — Le terrain est bon partout et les feuillages cachent le soleil. — Je reste où je suis.

— En garde, alors !

Les deux hommes allaient engager le fer quand l'attention de Paul fut détournée par une apparition inattendue, tout au moins singulière en un tel lieu et dans un tel moment.

Le comte venait d'entrevoir une forme féminine d'une grâce incomparable, se dessinant entre les grands arbres à quelques pas de l'endroit où il se trouvait.

Il leva les yeux sur cette forme et reconnut Blanche.

— Ah ! — s'écria-t-il avec une amertume profonde, — notre duel va donc avoir un témoin ! — Le saviez-vous, monsieur ?

— Je le savais, — répondit Grégory.

— Et vous l'approuvez, sans doute ?

— Que je l'approuve ou non, je n'ai pu l'empêcher...

— Vous avez voulu venir, madame, — reprit le comte en s'adressant à la femme qui portait son nom, — et vous êtes venue assister au combat de votre amant et de votre mari ! Vous êtes venue repaître vos yeux du sang qui va couler pour vous !

— J'ai voulu venir, — répliqua Blanche, — et je suis venue vous voir mourir !

— Misérable ! — cria Paul emporté par la colère.

— Grégory, vous l'entendez, il m'insulte ! — reprit madame de Nancey. — Brisez l'unique obstacle qui nous sépare encore... Tuez cet homme !

— Misérable ! — répéta le comte.

— Je t'aime, Grégory ! — Je t'aime et je le hais ! Tue-le...

La fureur ravivait les forces de Paul. — Il engagea le fer avec une impétuosité dont, quelques minutes auparavant, on ne l'aurait pas cru capable, et le Valaque reconnut non sans étonnement qu'il se trouvait en face d'un adversaire avec lequel il fallait compter.

Sans être ce qu'on appelle une lame de premier ordre, un de ces tireurs connus et classés dans les salles d'armes, M. de Nancey dépassait de beaucoup la moyenne des tireurs de seconde force.

Mais qu'importait à Grégory, dont l'habileté de spadassin n'avait point de rivale ?...

Résolu à ne rien livrer au hasard et à ne frapper qu'à coup sûr, le Valaque fit son plan. — Il s'agissait simplement de ne se jamais découvrir et de fatiguer le comte en parant ses attaques sans attaquer soi-même...

Fatiguer le comte!... — Hélas! ce n'était que trop facile...

Quelques secondes à peine venaient de s'écouler depuis le commencement du combat, et déjà M. de Nancey faiblissait tout à la fois sous l'épée de son adversaire et sous le poids de ce regard implacable, — le regard de Blanche! — qu'il sentait peser sur lui avec une immense expression de haine.

Bientôt les muscles de son bras se détentirent; sa main n'obéit plus à sa volonté; il eut dans les oreilles des sonorités étranges, et des fourmillements d'étincelles passèrent devant ses yeux comme le matin, quand il s'apprêtait à ouvrir la porte de l'appartement de Grégory.

Le moment attendu par le Valaque arrivait... — Rien ne l'empêchait plus désormais de donner à son duel, pour dénoûment, un assassinat.

Il le fit.

La botte secrète, si laborieusement enseignée à Cleveland dans la salle d'armes du boulevard Haussmann, joua son rôle. — Le bras ployé de Grégory, ferme et souple comme un ressort d'acier, se raidit tout à coup. — La pointe de l'épée frappa Paul en pleine poitrine et sortit de l'autre côté du corps, au-dessus de l'épaule.

Le comte lâcha son arme sans pousser un gémissement, s'abattit en arrière et tomba sur le dos, les yeux ouverts et les bras en croix.

Le Valaque mit sa main sur la poitrine de ce corps inanimé, se tourna vers Blanche et lui dit :

— Madame la comtesse, vous êtes veuve!

La jeune femme descendit d'un bond le talus gazonné du haut duquel elle avait assisté, haletante, à ce meurtre combiné si froidement et si froidement accompli.

— Et tu es bien certain qu'il a cessé de vivre?... — demanda-t-elle à son amant.

— Oui, certain... — Le cœur ne bat plus!... — Je m'y connais, va! — Tu es libre!...

— Libre et vengée! — murmura la comtesse avec une expression inouïe. — Et je te dois cela, Grégory! je ne l'oublierai pas!...

Le prince se rhabillait avec une tranquille lenteur, comme si la chose du monde la plus indifférente venait de se passer. — Quand il eut achevé, il reprit :

— Il est bien inutile, ce me semble, quand on trouvera ce corps sans vie, qu'on sache quel était son nom. — Votre mari devait avoir sur lui un passe-port, des cartes de visite, quelques papiers enfin; — je vais les supprimer...

Le comte s'abattit en arrière, les yeux ouverts et les bras en croix. (Page 144.)

En parlant ainsi, le Valaque avait ramassé le vêtement du comte et fouillait dans les poches. — Il trouva bien vite un portefeuille qu'il explora, et dont il fit disparaître les billets de banque avec l'adresse d'un prestidigitateur émérite, sans que la comtesse s'en aperçût.

— Voilà le passe-port..., — continua-t-il en examinant les papiers. — Voici de plus une lettre froissée... trois lignes seulement... votre écriture, ma chère.

Il lut tout haut : « *La comtesse de Nancey a l'honneur de vous annoncer son départ avec le prince Grégory S... »*

— Vous l'aviez prévenu, c'est une idée bien originale! je ne la comprends guère...

— Ceci était la réponse à cela! — répliqua Blanche en prenant la lettre et en montrant à Grégory les trois lignes imprimées au recto de la page et causes de tant de malheurs. — Et maintenant, — ajouta-t-elle en déchirant le fatal papier dont elle jeta les débris au vent, — maintenant les comptes sont réglés, et le passé n'existe plus...

Madame de Nancey revint près du cadavre de l'homme qui avait été le mari de Marguerite, et à son tour se pencha sur lui, comme Grégory venait de le faire quelques secondes auparavant.

La terrible blessure saignait. — La terre, autour du corps, était rouge.

La comtesse trempa ses doigts dans le sang qui coulait, elle secoua les gouttes de ce sang sur la figure livide de Paul, en murmurant d'une voix sourde :

— Toi qui m'as faite ce que je suis, sois maudit jusque dans la mort !

Elle se redressa. — Une flamme sombre illuminait son visage.

— Partons ! — dit-elle.

Et, sans tourner la tête en arrière, elle reprit avec Grégory le chemin de la ville.

Une heure après ce duel, — s'il est possible d'appeler duel un combat si déloyal, — les deux complices, ayant soldé leur note et bouclé leurs malles, montaient en chemin de fer et quittaient Hombourg, au grand désespoir du maître d'hôtel qui comptait sur la merveilleuse beauté de la comtesse Labanoff et sur la façon toute cavalière dont le comte faisait sauter la banque, pour achalander son établissement comme une vivante et double réclame.

Nous ne tarderons point à retrouver le prince Grégory et la comtesse de Nancey.

* *

Les heures chaudes du jour s'étaient écoulées. — Le soleil descendait à l'horizon et plongeait à demi son disque étincelant dans un océan de nuages qui devait l'engloutir quelques instants plus tard, et qu'il frangeait de pourpre et d'or.

Personne n'avait passé depuis le matin dans le chemin creux où le corps inanimé de Paul gisait, le visage tourné vers le ciel, les yeux ouverts et les bras en croix.

Quelques mots du prince Grégory ont appris à nos lecteurs qu'à travers le rideau de verdure des taillis du bois, on voyait ou plutôt on devinait, à une faible distance, les toits d'une maison de campagne et les clôtures d'un vaste jardin.

Cette maison, très-simple, mais élégante dans sa simplicité, se composait d'un corps de logis à deux étages, entouré de pelouses d'un beau vert d'émeraude et de corbeilles aux parfums saisissants, aux couleurs éclatantes.

En avant de l'habitation et donnant sur le chemin creux existait une muraille percée de deux ouvertures, l'une fermée par une grille et l'autre par une petite porte.

En arrière un jardin, ou plutôt un petit parc, planté d'arbres d'une belle venue et pourvu de ces mille *agréments* qu'on trouve dans les jardins des riches villas voisines de Paris : grotte construite en rochers factices, kiosque, chalet, pièce d'eau, salle de verdure avec table de pierre au milieu, etc., etc.

Les arbres du jardin mariaient leurs rameaux à ceux des arbres du petit bois, et le mur d'enceinte était si adroitement dissimulé par des massifs qu'on ne devinait point, depuis la maison, où s'arrêtaient les limites de la propriété.

Une allée bien sablée contournait la pelouse qui s'étendait entre la grille et la façade. — Les deux courbes de cette allée aboutissaient à un perron de six ou huit marches, conduisant à la porte principale et garnies de fleurs dans des vases de vieille faïence.

Une femme de cinquante-cinq ans environ, mise avec élégance, sortit du logis et s'arrêta sur la plus haute marche du perron.

Cette femme était médiocrement distinguée, mais sa figure régulière offrait une agréable expression de douceur et de bienveillance. Elle avait une ombrelle à la main, et sur la tête un chapeau de jardin.

Elle se tourna vers l'intérieur de la maison, et, tout en boutonnant son gant, elle dit en français, un peu vivement mais sans impatience :

— Alice, mon enfant, viens donc... il est déjà tard... l'heure du dîner approche... notre promenade sera trop courte... Alice, ma mignonne, dépêche-toi...

XXVIII

ALICE.

— Mais viens donc, Alice! — répéta pour la troisième fois la dame qui mettait son gant. — Ah! petite fille, petite fille, comme tu te fais toujours attendre!

— Me voici, chère tante, — répondit une voix fraîche; et la personne que nous venons d'entendre nommer Alice sortit à son tour de la maison.

C'était une toute jeune fille. — Elle paraissait avoir seize ans, et n'en avait certainement pas plus de dix-sept.

D'une taille au-dessous de la moyenne, svelte sans maigreur et gracieuse en ses mouvements, mademoiselle Alice offrait aux regards un visage irrégulier, mais charmant; les cheveux soyeux, d'une nuance indécise tenant le milieu entre le blond cendré et le châtain clair, se retroussaient sur les tempes et derrière la nuque pour former une conque au sommet de la tête, coiffure originale qui sied merveilleusement à certaines figures et ne devait cependant être à la mode que trois ou quatre années plus tard.

Le front, d'un dessin très-pur, se cachait à demi sous une frange de petits cheveux coupés courts, comme ceux de ces pages qu'on voit porter le livre d'Heures des châtelaines dans les miniatures sur parchemin des manuscrits du moyen âge.

Les yeux très-fendus, d'un gris bleu, semblaient en leurs prunelles profondes refléter un ciel sans nuages. Le nez, un peu long, avait des lignes d'une finesse exquise. La bouche grande, aux lèvres rouges et souriantes, était meublée de dents admirables. La petite oreille était un chef-d'œuvre. Difficilement nous pourrions donner une idée des virginales transparences de l'épiderme et surtout de l'expression à la fois candide, rieuse et spirituelle de ce joli visage que les rayons du soleil, affrontés souvent sans voile ou sans ombrelle, avaient légèrement doré.

Mademoiselle Alice portait une robe très-simple, en mousseline blanche à petites raies bleues, serrée à la taille par une ceinture de ruban bleu formant un gros nœud par derrière. — Autour de son chapeau de paille blanche elle avait un ruban bleu ; — un nœud bleu dans les cheveux ; — une étroite cravate bleue autour de son col droit, de forme masculine. — Son ombrelle était blanche et bleue.

La jeune fille dont nous venons d'esquisser le portrait doit jouer un rôle d'une grande importance dans la dernière partie de notre récit. — Quelques détails sommaires à son sujet, et au sujet des honnêtes gens auprès desquels elle vivait, sont donc indispensables.

La maison de campagne voisine du chemin creux où nous avons vu tomber le comte de Nancey sous l'épée de Grégory appartenait à un ménage français s'occupant sur une grande échelle, à Francfort, de la fabrication et du commerce des parfums.

Fixés en Allemagne depuis plus de vingt ans, M. Lafène et sa femme étaient arrivés à la fortune par le travail et se seraient trouvés absolument heureux si la stérilité de leur union n'avait mis un chagrin au milieu de leurs joies domestiques.

La vie entière de ce couple excellent s'était passée à demander à Dieu de lui envoyer un enfant, et à le lui demander en vain.

M. Lafène avait jadis, à Paris, un frère commerçant, veuf, père d'une petite fille dont madame Lafène était tout à la fois la tante et la marraine.

Dix années environ avant l'époque où se passaient les faits que nous racontons, ce frère fit de mauvaises affaires, suivies d'une déconfiture absolue. — Quelques négligences dans la façon dont ses livres étaient tenus indisposèrent les créanciers et le syndic de la faillite. — Le négociant ruiné, maladroit, mais irréprochable au point de vue de la probité, fut traduit en justice sous prévention de banqueroute simple, et certaines fâcheuses apparences lui valurent une condamnation.

Le malheureux n'eut pas le courage et la force de survivre, non point à son aisance disparue, mais à son honneur perdu.

Se sentant mourir de chagrin, il écrivit à son frère une lettre touchante dans laquelle il lui recommandait sa petite Alice, alors âgée de six ans à peine, le conjurant, avec la simple et saisissante éloquence du cœur, de ne point abandonner l'orpheline.

En lisant cette lettre, le mari et la femme sanglotèrent abondamment, puis, comme il ne s'agissait pas de pleurer, mais d'agir, M. Lafène fit sa valise et partit pour Paris, d'où il revint au bout d'une semaine, ramenant l'enfant adorable destinée à devenir un jour la charmante jeune fille que nous venons de présenter à nos lecteurs.

— Ah! — s'écria madame Lafène en dévorant de baisers la petite Alice avec une explosion de cette tendresse maternelle, si longtemps sans emploi, qui bouillonnait en elle, — le bon Dieu est bien bon! Il finit toujours par exaucer les prières qu'on lui adresse du fond du cœur! — Nous lui demandions un enfant.... Nous croyions qu'il ne nous écoutait pas, et voilà que tout à coup, au moment où nous n'avions plus d'espérance, il nous envoie ce chérubin... — Ah! la pauvre chère mignonnette, comme nous allons l'aimer, la choyer, l'adorer, et comme nous remplacerons pour elle ses parents qui sont au ciel !

L'excellente femme tint parole, et la gentille Alice grandit, libre et joyeuse, candide et bonne, dans une atmosphère d'infinie tendresse et d'inexprimable honnêteté.

La fortune des *époux Lafène* — (comme on dit en termes de procédure) — était plus que suffisante pour leur permettre de quitter le commerce et de mener avec leurs seuls revenus une existence confortable et même brillante.

Mais nombre de gens, quand ils ont passé de longues années dans l'industrie, ne se résignent point au *far-niente*. M. Lafène était de ceux-là. Il voulut garder sa fabrique, dont il se réserva la surveillance, et ses magasins, à la tête desquels il mit un gérant expérimenté.

Il acheta la maison de campagne voisine de Hombourg pour sa femme, qui, moins active que lui, consentait volontiers à se reposer. Elle passait là les étés avec Alice. — M. Lafène partait chaque matin pour la ville où l'appelaient ses affaires, et revenait chaque soir.

L'hiver on occupait à Francfort un bel appartement.

Le mari et la femme, considérant Alice comme leur unique héritière, rêvaient pour elle un beau mariage.

La jeune fille avait reçu une excellente éducation, moins brillante peut-être que celle des Parisiennes, mais sans doute aussi plus solide. — Elle aurait en dot cinq cent mille francs, et le double en espérances. — Elle était bonne et jolie. — Pourquoi ne lui trouverait-on pas un mari digne d'elle? — Un Français, bien entendu, car M. et madame Lafène, quoique ayant fait leur fortune en Allemagne, aimaient médiocrement les Allemands.

Le digne négociant et sa femme ne se rendaient point compte des années écoulées, et continuaient, par habitude, à regarder leur nièce comme une petite fille. — Ils ne songeaient donc point à se séparer d'elle de longtemps.

Voilà quelle était la situation de ces nouveaux personnages de notre récit au moment où Alice et sa tante se préparaient à profiter d'un bel après-midi d'automne pour aller faire dans la campagne leur promenade quotidienne.

Toutes deux descendirent les marches du perron, suivirent l'allée qui contournait la pelouse, sortirent par la petite porte verte voisine de la grille et s'engagèrent dans le chemin creux.

Madame Lafène marchait avec une sage lenteur, ainsi que le lui commandait la dignité de son âge déjà mûr, et surtout le commencement d'embonpoint qui l'alourdissait quelque peu.

Alice, très-enfant de caractère malgré ses seize ans et demi, bondissait en avant, cueillait, pour en faire un bouquet, les fleurettes épanouies sur les talus gazonnés du chemin creux, poursuivait les libellules, en attrapait parfois quelqu'une, se hâtait de la rendre à la liberté, revenait auprès de madame Lafène, lui faisait admirer un insecte ou une fleur, et repartait d'un élan joyeux pour la devancer encore.

Tout à coup la jeune fille s'arrêta comme pétrifiée, poussa un cri, cacha pendant une seconde ses yeux avec ses mains, tourna sur elle-même, et, folle de terreur, vint en courant se réfugier auprès de sa tante.

— Ah! mon Dieu! mais qu'as-tu donc? — demanda cette dernière, très-émue elle-même par la pâleur soudaine de sa nièce, par le tremblement nerveux qui l'agitait et par le cri d'épouvante qui venait de lui échapper. — Qu'y a-t-il là-bas? Qu'as-tu vu?

— Un homme... — répondit Alice en balbutiant, car l'émotion rendait sa voix presque indistincte, — un homme étendu dans le chemin...

— Endormi, sans doute?

— Non... non... il ne dort pas... — Ses yeux sont ouverts... — il y a du sang sur lui... — la terre est rouge autour de lui! Ma tante, je crois qu'il est mort!

— Ah! miséricorde! — s'écria madame Lafène. — Un homme assassiné! — Le malheureux! — Un crime commis si près de chez nous! Cela donne le frisson... — Sauvons-nous!

Et elle voulut entraîner Alice du côté de la maison.

Mais la jeune fille résista. — Elle avait réfléchi, et déjà dans son cœur une compassion divine combattait l'épouvante.

— Si cependant il n'était que blessé, ce malheureux!... — murmura-t-elle, — n'y aurait-il pas, ma chère tante, une cruauté bien grande à l'abandonner ainsi sans secours?

— Tu as cent fois raison, chère mignonne, — répondit la bonne dame, honteuse de son premier mouvement égoïste. — S'il n'était pas mort, le laisser là, ce serait le tuer... — Tu vaux mieux que moi, mon enfant!... Tu t'es souvenue que la charité est le premier devoir d'une femme, et moi je l'oubliais... — Allons, viens...

La tante et la nièce, au lieu de battre en retraite, se dirigèrent résolûment vers le corps inanimé et sanglant de Paul.

Madame Lafène, ayant un peu plus que sa nièce l'expérience des choses du monde, vit du premier coup d'œil, gisant sur le terrain, les deux épées de combat dont l'une avait du sang presque jusqu'à la garde.

— Ah! je comprends, — dit-elle, — il n'y a pas eu d'assassinat. — C'est dans un duel que ce malheureux a succombé. — C'était un jeune homme riche... son linge est d'une merveilleuse finesse et la chaîne de montre qui pend à la boutonnière de son gilet jeté là, sur le talus, est de la plus grande beauté.

— Ma tante, croyez-vous qu'il soit mort?...

— Hélas! je n'en sais rien. On prétend que les articulations des morts se raidissent, et qu'on briserait leurs doigts plutôt que de les faire plier. — On pourrait savoir ainsi... mais il faudrait toucher sa main... la main d'un cadavre peut-être! Je n'ose pas...

— J'oserai, moi..., — dit vivement Alice; — et, se penchant vers le corps, elle saisit la main gauche de Paul et la souleva.

— Eh bien? — demanda madame Lafène, oppressée par l'émotion.

— Eh bien! ma tante, si la chair est glacée les doigts ne sont point raidis. — Voyez...

— C'est qu'il est vivant encore! — Mais qu'y a-t-il sur cette bague qu'il porte à son doigt? — Un écusson et une couronne. — Je me connais un peu à ces choses... il est venu dans notre maison tant de personnages, autrefois, quand je m'occupais des affaires! — La couronne a neuf perles! — C'est un noble et c'est un comte... — Pauvre jeune homme!

— Ma tante, on pourrait le sauver peut-être...

— Nous l'essayerons, du moins, mon enfant; il faut un médecin, mais d'abord ce malheureux ne peut rester là, sur la terre froide, une heure de plus. — Comment faire?

Alice, ma mignonne, dépêche-toi... (Page 147.)

— Je vais courir à la maison, — répliqua la jeune fille. — J'en ramènerai le cocher et le jardinier, avec un brancard. — Ils porteront le blessé chez nous. — Johann, ensuite, ira bien vite à Hombourg chercher le médecin et le ramènera...

Et, sans même attendre la réponse de sa tante — (réponse qui d'ailleurs ne pouvait être qu'affirmative), — Alice, légère comme une gazelle, prit sa course vers le logis hospitalier d'où le secours allait arriver.

XXI X

LA CHAMBRE AUX TAPISSERIES.

Ce ne fut point sans une vague inquiétude que madame Lafène se trouva seule dans le chemin creux du petit bois, à côté de ce corps qui, s'il n'était tout à fait un cadavre, n'en valait cependant guère mieux. Mais le bon cœur de l'excellente femme imposa silence à ses craintes superstitieuses, elle s'assit au bord du talus et elle attendit courageusement.

Son attente fut courte.

Alice reparut bientôt avec le cocher et le jardinier portant un brancard improvisé. — On plaça le blessé sur ce brancard, on mit à côté de lui les épées et ses vêtements, et on reprit le chemin de la maison.

Au bout de trois quarts d'heure, le médecin, mandé en toute hâte, arriva. — Les deux femmes le laissèrent seul avec un domestique auprès de M. de Nancey, qui continuait à ne donner aucun signe de vie.

Le docteur déshabilla le comte et put examiner la blessure, ce qu'il fit en hochant la tête à plusieurs reprises. — Il appliqua de solides bandages sur la poitrine ouverte et sur l'épaule trouée, puis il envoya prévenir la tante et la nièce que rien ne s'opposait plus à ce qu'elles rentrassent dans la chambre.

— Eh bien! docteur, — demanda madame Lafène, — le sauverons-nous?

— Si nous le sauvons, madame — (ce dont je suis loin de répondre...), —répliqua le médecin, — ce jeune homme pourra se vanter d'avoir survécu au plus terrible coup d'épée qu'un duelliste ait jamais reçu... — L'arme de son adversaire l'a traversé de part en part... — Le cœur, il est vrai, n'était point touché, mais le blessé aurait infailliblement succombé à la perte de tout son sang si la nature, en bonne mère, n'avait fait un miracle. — Un double caillot, fermant l'orifice de la double blessure, a fort à propos arrêté l'hémorragie...

— Mais alors, docteur, pourquoi ne répondez-vous pas du salut?

— Parce que la fièvre va se déclarer aussitôt que le jeune homme reprendra connaissance... — Elle sera terrible, en raison même de la gravité des blessures, et il est fort probable qu'un de ses accès déterminera un dénoûment funeste... — Savez-vous, madame, le nom de ce blessé que vous recueillez si généreusement chez vous?

— Je ne sais rien... Ma nièce et moi nous l'avons trouvé dans le petit bois qu'on traverse pour venir ici. — Nous ignorons absolument tout le reste...

— Le visage, les mains, les vêtements sont ceux d'un homme distingué... — Il est sans doute connu à Hombourg... — Il doit avoir laissé des bagages et des papiers dans l'hôtel qu'il habitait; — je m'informerai... — En ce moment ma présence est inutile... — Je reviendrai ce soir... — l'évanouissement sera fini... la fièvre l'aura remplacé...

Et le docteur reprit le chemin de la ville.

La maison de campagne dans laquelle nous avons introduit nos lecteurs était de construction très-ancienne.

M. Lafène —(dont le goût en matière de construction et d'ornementation ne pouvait faire loi), —aussitôt après avoir acheté cette maison, en avait de son mieux *modernisé* les dehors et une partie de l'intérieur.

Le salon, la salle à manger, la chambre de sa femme et la sienne étaient décorés et meublés selon la mode la plus moderne, d'une façon luxueuse et banale manquant absolument de cachet.

Quelques pièces du premier et du second étage, rarement occupées, conservaient seules leur caractère et leur ameublement d'autrefois.

La chambre où se trouvait Paul de Nancey était de celles-là.

Cette chambre, très-haute d'étage, avait un plafond à petites poutrelles sculptées, peintes d'azur et de vermillon et rehaussées d'or. — Le temps, la fumée, la poussière, s'étaient associés pour ternir l'éclat de ces vives couleurs et pour faner les dorures, remplaçant ainsi le papillotage d'autrefois par une merveilleuse harmonie de tons.

Le grand lit de bois de poirier noirci, à colonnes torses, était garni de pentes et de rideaux en lampas vert, broché d'un or qui rougissait par places. — Les bahuts et les sièges offraient des bois du même style et des étoffes de la même époque.

De grandes tapisseries flamandes représentant des chasses au faucon, et dont les moindres détails gardaient un surprenant relief, servaient de tentures.

Une jeune chasseresse, bien assise sur une vigoureuse haquenée blanche, de cette race un peu lourde que Wouvermans excellait à peindre, se présentait de face et semblait prête à sortir, au galop de sa monture, du panneau principal de la tapisserie.

Charmante, les cheveux flottants, elle tenait sur son poing gauche un faucon déchaperonné, agitant ses ailes et se disposant à prendre son vol.

Autour d'elle et derrière elle s'empressaient les pages, les veneurs et les grands lévriers.

Par un singulier caprice du hasard, le doux visage et les grands yeux de la chasseresse offraient avec les yeux et le visage d'Alice une frappante ressemblance, que M. et madame Lafène avaient constatée plus d'une fois.

L'amazone et son grand cheval se trouvaient, nous l'avons dit, au milieu du panneau principal, et par conséquent juste en face du lit à baldaquin sur lequel reposait le comte de Nancey.

Aussitôt après le départ du médecin, la tante et la nièce, ne songeant plus à reprendre leur promenade interrompue, s'étaient installées au chevet de ce lit, bien décidées à jouer jusqu'au bout, auprès de l'hôte que Dieu leur envoyait, leur admirable rôle de sœurs de charité.

Madame Lafène, femme d'intérieur avant tout et n'ayant point perdu, malgré sa grande fortune, les habitudes de travail et d'économie de sa jeunesse, ne cédait à personne le soin de mettre en ordre le linge de son mari.

Assise dans un grand fauteuil à dossier sculpté, elle faisait à une chemise de toile de Hollande, déchirée par accident, une reprise d'une incomparable perfection.

Alice travaillait auprès d'elle à un ouvrage de tapisserie; mais, — nous devons le dire pour rendre hommage à la vérité, — ses yeux aux prunelles limpides étaient fixés plus souvent sur le blessé que sur le canevas.

Tout à coup elle tressaillit, et touchant le bras de madame Lafène, elle dit très-bas et vivement :

— Ma tante... ma tante... regardez !...

— Quoi donc? — demanda la bonne dame.

— Le jeune homme... le blessé... il revient à lui... il a fait un mouvement...

Alice ne se trompait point. — Une sorte de frisson venait de passer sur la chair de Paul, ses bras s'agitaient faiblement, il semblait tenter un effort pour se soulever.

Au bout d'une ou deux secondes il y parvint, et se trouvant appuyé sur son coude, il promena autour de lui des regards absolument privés d'expression. — Aucune surprise ne se peignit dans ses yeux tandis qu'il considérait tour à tour cette chambre inconnue pour lui et ces deux femmes en présence desquelles il se trouvait pour la première fois.

A coup sûr il devait avoir une perception bien incomplète des objets. S'ils n'échappaient pas à sa vue, tout au moins ne se rendait-il aucun compte de ce qu'il voyait.

Le corps sortait du sommeil léthargique où, pendant tant d'heures, il avait été plongé. — Le réveil de l'intelligence se faisait plus longtemps attendre.

— Comment vous trouvez-vous, monsieur? — lui demanda la maîtresse de la maison en allemand.

M. de Nancey ne parut point avoir entendu. — Madame Lafène répéta sa question, mais en français cette fois.

Paul ne tourna même pas les yeux du côté d'où venait la voix.

— Ce n'est sans doute ni un Français, ni un Allemand, — murmura madame Lafène. — Alice, mon enfant, tu sais l'anglais... Essaye de lui parler en anglais.

La jeune fille obéit aussitôt. — Le résultat qu'elle obtint fut absolument négatif.

En ce moment la prédiction faite par le médecin commença brusquement à se réaliser. — Une teinte pourpre remplaça la pâleur livide du comte. — Ses yeux atones devinrent étincelants, mais le feu sombre qui s'en échappait était celui de la fièvre et du délire. — Les lèvres remuèrent, — il articula faiblement, à plusieurs reprises, le nom de *Blanche* avec une expression de tendresse infinie, celui de *Grégory* avec un accent d'indicible haine, — puis sa tête retomba sur l'oreiller, ses yeux se fermèrent et sa bouche balbutia des mots incohérents.

Le crépuscule avait remplacé le jour, pour céder la place lui-même à l'obscurité transparente d'une belle nuit d'automne.

Deux bougies brûlaient sur une petite table de la chambre aux tapisseries, dont l'une des fenêtres était ouverte.

Le docteur revint, s'approcha du lit, appuya son doigt sur la veine du blessé, et dit :

— Fièvre violente, accompagnée de délire... C'était inévitable...

— Y a-t-il beaucoup de danger, docteur? — demanda madame Lafène.

— Il y en a, oui, madame... et il y en aura jusqu'au jour de la convalescence, si ce jour doit jamais arriver...

— Avez-vous pris des informations ? — continua la maîtresse du logis. — Savez-vous quelque chose au sujet de ce pauvre jeune homme ?

— J'ai amené avec moi quelqu'un qui pourra peut-être nous renseigner... Me permettez-vous de faire entrer ici cette personne ?

— Si je le permets ?... — Ah ! je crois bien !...

Le médecin ouvrit la porte donnant sur un couloir et appela.

— Me voici, monsieur le docteur... me voici, — répondit une voix. Et le premier garçon de l'hôtel situé en face du Cursaal de Hombourg entra dans la chambre et salua les dames avec ces grâces mercantiles et cette obséquieuse politesse dont il avait pris l'habitude dans l'exercice de ses fonctions.

— Eh bien ? — lui demanda le médecin.

— Eh bien ! — répondit le nouveau venu après un seul coup d'œil jeté sur le blessé. — C'est lui... c'est parfaitement lui... Il est plus rouge qu'il n'était ce matin et la nuit passée, mais c'est lui... J'en réponds absolument...

— Dans ce cas, — reprit le docteur en s'adressant à madame Lafène et à mademoiselle Alice, après avoir consulté ses notes, — il paraît certain que ce jeune homme est un Français et se nomme le comte de Nancey, ainsi que cela résulte du nom gravé sur la plaque de cuivre de sa valise, et sur l'écusson d'argent d'une boîte à pistolets. Il est de plus permis de conclure, d'après certaines circonstances dont l'ensemble forme un réseau de preuves très-logiquement enchaînées, que M. de Nancey s'est battu ce matin avec un Russe mari d'une jolie femme, arrivé hier à Hombourg où il comptait, disait-il, résider pendant quelque temps, et d'où il est parti brusquement, une heure après le duel. — Ce Russe s'appelle le comte Labanoff...

Le nom prononcé par le médecin parut galvaniser le blessé. — Il se dressa sur son séant, les yeux ouverts, les mains tremblantes.

— Labanoff, — balbutia-t-il. — Mensonge ! — Labanoff, c'est Grégory ! — Grégory, le voleur d'amour ! — Blanche... reviens à moi... reviens... J'ai pardonné... — Reviens... Blanche... je t'aime encore...

XXX

LE BLESSÉ.

Alice se pencha vers madame Lafène et lui dit à voix basse :

— Entendez-vous, ma tante, ce nom qu'il répète sans cesse... ce nom de *Blanche*... ce nom de femme... la sienne peut-être,... — Elle a dû lui faire du mal, cette *Blanche*, beaucoup de mal... et cependant, — vous avez entendu, — et cependant il lui pardonne!... N'est-ce pas que c'est bien?... n'est-ce pas que ce jeune homme a du cœur?...

— Je consens volontiers à le croire parfait, — répliqua madame Lafène, — mais il ne faudrait point le juger sur les paroles qu'il prononce en ce moment... Ce n'est pas lui qui parle, mon enfant, c'est la fièvre...

Le médecin prit la parole.

— Vous avez accompli, madame, un grand acte de charité, — dit-il, — mais qui vous causera, j'en ai peur, bien des fatigues et bien des ennuis.

— En quoi donc? — demanda la maîtresse du logis !

— En ce que l'état du blessé demande des soins continuels. — Je vais écrire la formule d'une potion qu'un de vos domestiques ira, sans perdre une minute, chercher à Hombourg chez l'*apoteck*. — Il faudra, cette nuit, régulièrement et d'heure en heure, donner au malade une cuillerée de cette potion.

— Soyez tranquille, docteur... — On veillera près de lui, et, si nous parvenons à le rappeler à la vie, nous serons trop récompensés du peu que nous aurons fait...

Le médecin s'inclina devant madame Lafène.

— C'est ici la maison du bon Dieu ! — murmura-t-il.

— C'est du moins une maison où on le respecte et où on lui obéit de son mieux..., — répondit en souriant l'excellente femme, — une maison où l'on se souvient qu'un de ses commandements est celui-ci : — *Aimez votre prochain comme vous-même!!!*

— Je veux m'associer à votre bonne action, madame... Je passerai la nuit dans cette chambre...

L'ordonnance fut écrite, et, au moment où l'un des domestiques se mettait en route pour aller à Hombourg chercher la potion, M. Lafène arriva de Francfort.

Alice le mit en quelques mots au courant de ce qui s'était passé. — Il approuva tout et embrassa sa femme et sa nièce avec un redoublement d'affection.

La nuit de M. de Nancey fut très-mauvaise.

Le docteur ne se souvenait pas avoir jamais vu le délire atteindre une intensité pareille.

Paul, à plusieurs reprises, voulut se jeter en bas de son lit pour se défendre contre Grégory, dont il voyait l'épée menaçante prête à le frapper.

Deux ou trois fois, dans ces mouvements brusques et violents, il dérangea les bandages posés sur ses blessures, et sans la présence du docteur, qui réparait aussitôt le désordre, le sang se serait remis à couler et l'aube pâle du jour naissant n'aurait éclairé qu'un cadavre.

Après ces crises terribles, une réaction complète était inévitable. — M. de Nancey, vers le matin, tomba dans un état de prostration si grand que le médecin éprouva et exprima la crainte de le voir s'éteindre tout à coup, comme une lampe où l'huile fait défaut.

En cela il se trompait.

Après une journée d'anéantissement absolu, la fièvre revint le soir et avec elle ce furieux délire dont nous avons raconté les effets.

C'était le début d'une longue maladie que nous ne suivrons point dans ses phases et dont les incidents seraient sans intérêt pour nos lecteurs, qui savent bien que M. de Nancey ne devait pas mourir.

Au bout de près de quatre semaines, pendant lesquelles on avait mis cent fois en doute la possibilité d'une solution heureuse, le docteur déclara que le grand péril lui semblait conjuré, et qu'avec des ménagements infinis et des soins multipliés on réussirait, selon toute vraisemblance, à sauver le malade.

La double blessure, presque complétement cicatrisée, ne donnait plus d'inquiétude.

Au moment où le médecin prononçait pour la première fois un arrêt favorable,

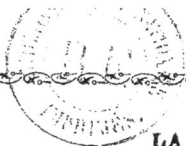

Alice reparut bientôt avec le cocher et le jardinier portant un brancard. (Page 154.)

Paul de Nancey était absolument hors d'état de comprendre que le salut, si long-temps plus que douteux, redevenait possible.

Lorsque le délire faisait trêve, le comte ne rentrait point pour cela en possession de son intelligence ; la prostration s'emparait de lui. — La faiblesse de son esprit, brisé par les crises nocturnes, était au niveau de la faiblesse de son corps. — Il ne voyait rien, n'entendait rien, ou au moins ne comprenait rien, — et le sou-venir des drames successifs dans lesquels il venait de jouer un rôle, tantôt si ter-

rible et tantôt si triste, avait disparu, d'une façon momentanée sans doute, mais absolue.

Nous devons ajouter qu'aux heures de divagation et dans les crises de délire, M. de Nancey ne prononçait plus que de loin en loin le nom de *Blanche*...

Un jour arriva où, pendant tout un accès de fièvre, il ne le prononça pas une seule fois.

Ce jour-là, l'enfant candide qui lui servait en ce moment de garde-malade et qui d'heure en heure approchait de ses lèvres desséchées la potion rafraîchissante, Alice, l'ange de ce foyer, sentit une joie immense s'emparer de son cœur et le faire battre à coups pressés.

Pourquoi cela?

Qu'importait à la vierge chaste le nom de cette femme inconnue prononcé par cet inconnu qui sans doute, aussitôt qu'il aurait recouvré la force nécessaire, s'éloignerait pour toujours?

On aurait bien embarrassé la petite Alice en lui adressant cette question. — Il est absolument certain qu'elle n'aurait pas su y répondre. Aucune lueur n'éclairait encore pour elle les phases de cette mystérieuse éclosion de son cœur.

Et cependant il est incontestable qu'elle détestait à son insu, de toutes ses forces, cette *Blanche* de qui le blessé parlait sans cesse, cette *Blanche* par laquelle il avait souffert, pour laquelle il était tombé, pour laquelle peut-être il allait mourir... et mourir en pardonnant...

Oui, pour la première fois de sa vie, la jeune fille éprouvait un instinct de haine et de révolte.

Un pressentiment lui disait-il qu'un jour cette inconnue se mêlerait à son existence, et s'y mêlerait d'une façon funeste?

Nous ne le croyons pas.

Alice haïssait Blanche uniquement parce que M. de Nancey avait sans cesse son nom sur les lèvres, et par conséquent dans le cœur. — La jalousie, chez cette fille d'Ève, naissait en même temps que l'amour, ou plutôt devançait l'amour, car Alice n'aimait pas encore et déjà elle était jalouse.

Il est vrai qu'elle allait aimer! Et comment aurait-il pu ne point en être ainsi? Tout ne se réunissait-il pas pour faire à ses yeux de M. de Nancey un véritable héros de roman... un de ces héros comme on les rêve?

Paul n'était-il pas le premier homme jeune et beau qui eût franchi le seuil de la maison de M. Lafène? —Et encore il ne l'avait point franchi vulgairement, sur ses deux pieds, comme tout le monde — il était entré sur un brancard, percé d'un coup d'épée, évanoui, mourant.

Qui l'avait découvert, inanimé, dans le chemin creux? — Alice. — C'est encore Alice qui l'avait sauvé! — Il aurait succombé sans elle... — Il lui devait la vie, donc elle avait sur lui d'imprescriptibles droits.

Certes, dans son ignorance complète, dans son inexpérience absolue, l'enfant ne se disait point ces choses, mais ce que nous venons d'expliquer à nos lecteurs était, — à son insu, — au fond de sa pensée.

Aussi ce fut pour elle une immense joie lorsqu'en son délire M. de Nancey prononça plus rarement le nom de Blanche.

Ce fut un triomphe lorsqu'il cessa de le prononcer.

Alice ne se rendait point compte de ce qu'elle éprouvait. — Elle se disait, sans le savoir, que l'image de sa rivale venait de s'effacer d'un cœur où seule elle devait régner...

Rarement la jeune fille entrait, après la nuit venue, dans la chambre du blessé; mais chaque jour elle passait de longues heures à son chevet, tandis que madame Lafène s'occupait des mille détails de l'administration de sa maison.

Paul était changé à tel point que ses amis de Paris auraient eu peine à le reconnaître; mais la nature de ce changement donnait à son visage un je ne sais quoi de poétique qui lui manquait absolument jadis.

Sa barbe, maintenant un peu longue, dissimulait la maigreur de ses joues, qui sans cela eût paru excessive. — Cette maigreur agrandissait démesurément ses yeux, et le cercle de bistre tracé par la souffrance autour des paupières leur donnait un cachet presque oriental.

Ils n'exprimaient, à la vérité, que les rêves d'un esprit malade, — *ægri somnia*, dirait un classique. — Mais Alice se persuadait que ces grands yeux aux regards vagues devenaient doux et presque tendres lorsqu'ils se fixaient sur elle, et naturellement elle ne leur en demandait pas davantage.

La pauvre enfant s'illusionnait. — Paul de Nancey ne pouvait penser à elle, par l'excellente raison qu'il ne pensait à rien, qu'il ne soupçonnait pas son existence, et que son esprit vacillant, son imagination engourdie, étaient hors d'état de s'arrêter sur une chose quelconque, que cette chose fût un objet inanimé ou une créature pleine de vie, de jeunesse et de beauté.

Cependant peu à peu, par gradations insensibles, l'intelligence si gravement atteinte entra comme le corps dans une phase de convalescence.

Des brumes épaisses obscurcissaient bien encore la pensée du comte, la rendaient confuse, obscure, et voilaient ses souvenirs; mais aussi, par instants, au milieu de ces brumes il se faisait de passagères éclaircies; des lueurs fugitives brillaient pour s'éteindre presque aussitôt et pour renaître un peu plus tard. — Paul n'en avait pas conscience; mais, en somme, l'équilibre moral tendait à se rétablir à mesure que renaissait la force physique.

Au risque de paraître ennuyeux à ceux de nos lecteurs qui ne cherchent dans un récit que les faits, il nous faut bien constater en quelques mots un double phéno-mène dont le cerveau fortement ébranlé du comte était le théâtre.

Quand s'allumait dans sa mémoire une de ces lueurs fugitives dont nous venons de parler, il semblait à Paul qu'un grand intervalle, vide et sombre, le séparait du passé lointain. — Il se souvenait de son départ précipité de Paris, de sa ren-contre avec Grégory, de la scène de provocation, du duel enfin; mais il s'en souve-nait vaguement, comme de choses accomplies jadis, il y avait longtemps... bien longtemps...

Un homme qui s'éveillerait tout à coup, après avoir dormi pendant vingt années, aurait des souvenirs de ce genre...

Paul pensait à Blanche comme à une femme aimée autrefois. — Il y pensait sans amour et sans colère. — Son ardente et folle passion, — qu'il ne s'expliquait plus, — s'était métamorphosée en une sorte d'indifférence dédaigneuse.

Ce n'est pas tout encore. — M. de Nancey, dans cette demi-somnolence si fré-quente chez les convalescents qui ont à réparer beaucoup de forces perdues, confondait absolument le rêve et la réalité et considérait comme très-simples et parfaitement naturelles les choses du monde les plus impossibles...

Nous allons en donner un exemple frappant.

XXXI

LA RESSEMBLANCE

Nous avons dit que la jeune chasseresse, abandonnée gracieusement au galop de sa blanche haquenée, occupait le centre du panneau de tapisserie faisant face au lit sur lequel Paul reposait, et nous savons aussi qu'une bizarre et frappante ressemblance existait entre son visage et celui d'Alice.

Chaque jour, dans les derniers temps de la maladie, au moment où, la fièvre succédant à la prostration, la tête de Paul devenait plus brûlante et plus lourde et où son sang calciné recommençait à battre dans ses artères, le regard du blessé s'attachait sur l'amazone et ne pouvait plus s'en détacher.

La douce et charmante figure encadrée dans les boucles de ses cheveux flottants exerçait sur lui une sorte de fascination dont il n'avait point conscience. — Dans cet état qui n'est ni la veille, ni le sommeil, ni l'absolu sang-froid, ni le complet délire, elle lui apparaissait comme une vision radieuse.

Pour lui la chasseresse n'était point le personnage inanimé d'un tableau. — Il ne mettait en doute ni la réalité de son existence, ni la matérialité de sa présence...

C'était à lui que ces lèvres, souriant depuis deux siècles, adressaient leur sourire... — Quelque obstacle inconnu les séparait sans doute, mais cet obstacle finirait par disparaître, et alors l'enchanteresse arriverait à lui.

Un jour, — à cette époque où commençait la convalescence, — la fiction tout à coup devint une vérité...

Paul, à travers la brume diaphane qui voilait encore à demi son esprit et ses regards, vit ou crut voir distinctement la tapisserie s'agiter.

La chasseresse se détacha du groupe qui l'environnait et qui disparut aussitôt. Elle se dirigea vers le lit, aussi gracieuse en sa démarche qu'elle l'était en sa beauté. Ses petits pieds touchaient le parquet, ou plutôt l'effleuraient, sans qu'on entendît le bruit de ses pas.

Elle s'arrêta tout près de Paul, qui malgré lui ferma les yeux, point étonné, mais ébloui par l'éclat de cette apparition merveilleuse.

Elle se pencha vers lui. — Il sentit passer sur sa joue le souffle si pur de sa bouche.

— Etes-vous mieux? — demanda-t-elle d'une voix faible comme un soupir.

Le blessé ne put répondre à cette question. — Peut-être même ne l'entendit-il pas. — L'ardente étreinte de la fièvre envahissait son cerveau et paralysait sa pensée.

On l'a déjà compris, rien n'était plus simple que la prétendue vision du comte. Au moment où il lui avait semblé que la tapisserie s'agitait, la porte de la chambre venait de s'ouvrir, ébranlant un peu les tentures.

Quand il avait cru voir la chasseresse s'avancer de son côté, c'est qu'Alice franchissait le seuil et marchait vers le lit.

A partir de ce jour et de cette heure, le fantastique et la réalité se confondirent absolument dans l'esprit malade du comte, et il accepta sans discussion le phénomène de cette tapisserie devenant jeune fille et de cette jeune fille redevenant tapisserie.

Cette situation bizarre ne pouvait d'ailleurs se prolonger indéfiniment, le comte en somme n'étant point fou, et sa lucidité complète devant lui revenir quand il ne se trouverait plus sous l'influence de la fièvre.

Un soir, peu de temps après ce jour où le docteur avait déclaré que l'espérance était permise, Paul, hors de danger, mais cependant bien malade encore, avait passé de longues heures dans des alternatives d'hallucination fiévreuse et de lourde somnolence.

Pendant ces heures sa pensée tout entière, ou du moins ce qui survivait momentanément de cette pensée, ne s'était point détourné de l'image de la chasseresse.

Son regard ne la quittait pas. — Son cœur agité l'appelait. — Ses lèvres qui depuis longtemps ne parlaient que dans le délire, murmuraient ces mots :

— Viens donc !... Vision chérie, pourquoi ne viens-tu pas ?...

C'est que, depuis le matin, la gracieuse apparition n'avait point quitté son cadre pour s'avancer vers lui ; Alice, partie pour Francfort avec son oncle, n'était pas entrée dans la chambre.

Or, l'excellente madame Lafine prodiguait vainement à son hôte les soins les plus affectueux, c'est à peine si le blessé, dans son inconsciente ingratitude, s'apercevait de sa présence.

Un peu après la chute du jour, Alice revint.

Elle avait hâte de revoir *son* blessé, cet inconnu qui lui devait la vie et qui, sans qu'elle le sût, s'emparait de son cœur naïf par les triples et irrésistibles séductions de la beauté, de la souffrance et du mystère.

Elle prépara rapidement la potion calmante que M. de Nancey prenait chaque soir ; elle gagna la chambre aux tapisseries et elle ouvrit doucement la porte.

Une lampe munie de son abat-jour et placée sur un meuble répandait sa lueur calme et discrète.

La jeune fille marcha vers le lit, en étouffant le bruit de ses pas légers afin de ne point réveiller le comte, si par hasard il était endormi.

Paul, en effet, avait les yeux fermés, — il n'entendit rien et ne fit aucun mouvement.

Alice s'avança jusqu'au chevet. — Elle plaça sur la table de nuit la tasse de porcelaine de Saxe qui contenait le breuvage réparateur, et comme la faible lumière ne lui permettait pas de bien distinguer les traits du blessé, elle se pencha vers lui et le contempla pendant une seconde en murmurant :

— Comme il est pâle !

Si bas que ces paroles eussent été prononcées, Paul les devina, en même temps que la fraîche haleine de la jeune fille effleurait son visage.

Il ouvrit les yeux... — Un faible cri de joie s'échappa de ses lèvres...

Ah ! cette fois il ne se trompait point ! — C'était bien sa vision adorée et si près de lui qu'il n'avait qu'à ouvrir et refermer les bras pour la presser contre sa poitrine et se donner ainsi à lui-même l'irrécusable preuve qu'il n'était ni la dupe d'un rêve, ni le jouet d'une hallucination décevante...

Aussi rapidement que le lui permit sa faiblesse, il étendit les bras en effet et voulut saisir Alice... — Mais il n'embrassa que le vide.

La jeune fille, voyant son mouvement et devinant son intention, avait reculé soudain, très-émue, avec un peu d'effroi et beaucoup d'étonnement, et se trouvait déjà à trois ou quatre pas du lit.

— Ange ou fée, fantôme charmant, — murmura Paul repris d'un accès de fiévreux délire, — pourquoi me fuyez-vous ainsi?...

Alice s'était déja rapprochée. — Son pauvre cœur sautait dans sa poitrine comme celui d'une alouette captive serrée dans la main d'un enfant.

— Mais, monsieur... — répondit-elle avec un trouble immense, — je ne vous fuis pas, croyez-le... — Je vous soigne, au contraire, comme tout le monde ici, et de mon mieux, je vous assure...

— Vous me soignez? — répéta Paul stupéfait.

— Sans doute.

— Vous êtes donc un être réel? une femme? — continua M. de Nancey, retombant de plus en plus sous l'influence de son délire renaissant.

— Et, que serais-je, s'il vous plaît? — demanda la jeune fille avec un adorable sourire... — Que serais-je, si je n'étais une femme?...

— Une fée, un ange, un bon génie... Ne vous l'ai-je pas dit?

Alice secoua la tête avec une enfantine mutinerie, et reprit en souriant toujours :

— Hélas! monsieur, je ne puis prétendre à aucun de ces noms si doux... quoique cependant j'espère un peu devenir pour vous un bon ange en vous apportant la guérison...

Paul serra dans ses deux mains son front que la fièvre brûlait, il essaya de réfléchir, mais, ne pouvant en venir à bout, il répéta avec une expression bien marquée d'incrédulité:

— Une femme!... non! non, vous n'êtes pas une femme...

— Décidément vous croyez cela? — fit la jeune fille un peu inquiète de cette extravagance qui lui semblait s'accorder mal avec le sang-froid relatif du comte.

— Ah! — répliqua vivement ce dernier, — je ne crois pas... je suis sûr... j'ai vu...

— Quoi donc?

— Et plus d'une fois, votre transformation... votre métamorphose.

Alice répéta ces deux mots : *transformation, métamorphose*, qui ne présentaient et ne pouvaient présenter à son esprit aucun sens, et, de plus en plus inquiète, elle se demanda si ce qu'on avait pris jusqu'à ce jour pour du délire n'était pas de la folie.

Heureusement l'explication ne se fit pas attendre.

M. de Nancey continua:

— Certes, je vous ai vue! — (et je ne rêvais pas!) — Je vous ai vue lorsque,

Êtes-vous mieux ? demanda-t-elle avec une voix faible comme un soupir. (Page 166.)

figure d'abord inanimée et muette, vous êtes devenue tout à coup, sous un souffle mystérieux et puissant, une créature animée, possédant le regard, la parole, le mouvement... la vie enfin !...

— Mon Dieu, — murmura la jeune fille écoutant toujours, mais comprenant moins que jamais, — ce n'est que trop sûr, il est fou !

Paul poursuivit :

— Je vous ai vue, vision charmante, quitter l'étrange tapisserie dont vous êtes l'un des personnages, et où tout à l'heure sans doute, immobile et muette, vous irez sous mes yeux reprendre votre place.

La main du comte s'était machinalement tournée vers le panneau qui faisait face à son lit (1).

Il était difficile de garder son sang-froid en présence de l'hallucination si singulière et si extravagante du jeune homme.

Alice, tout à fait rassurée, l'interrompit par un frais et sonore éclat de rire.

— Ah! — s'écria-t-elle, — je devine à présent!

— Que devinez-vous? — demanda Paul.

Alice, au lieu de répondre à la question qui venait de lui être faite, s'éloigna du lit, prit la lampe, en ôta le capuchon et ne prononça que ce seul mot :

— Regardez!...

Tout en faisant et en disant ce qui précède, elle avait démasqué la tapisserie et soulevé la lampe, de façon à ce que Paul pût envisager à la fois sa figure et celle de la jeune chasseresse aux cheveux flottants. En face de cette ressemblance prodigieuse, l'étonnement de M. de Nancey fut tel que son intelligence obscurcie ne lui permit point d'abord de séparer l'erreur de la réalité et de bien distinguer, en voyant à la fois Alice et l'amazone, laquelle des deux était l'œuvre de Dieu, et laquelle l'œuvre des hommes.

Un mouvement de la jeune fille fit cesser cette sorte de mirage et Paul comprit à son tour.

— J'ai été bien malade, n'est-ce pas? — murmura-t-il avec une sorte de confusion; — ma pauvre tête ébranlée me rend à moitié fou... je le sens bien. — Pardonnez-moi donc, mademoiselle, je vous en supplie, et daignez me faire l'honneur de m'apprendre ce que j'ignore, c'est-à-dire quelle est la maison hospitalière qui m'a recueilli, et comment on vous appelle, vous, mademoiselle, vous le bon génie, l'ange et la fée de cette maison?...

_____

(1) Ceci n'est point de la fantaisie. — L'auteur de ce récit connaît un artiste, un peintre célèbre aujourd'hui, qui pendant les accès de délire d'une longue maladie croyait chaque jour voir s'animer et sortir de son cadre le portrait d'une jeune morte qu'il avait aimée. — En lisant ces lignes — (et il les lira certainement) — ses yeux ne resteront pas secs.

XXXII

AMOUR.

Nos lecteurs savent d'avance ce que répondit Alice à la question du comte de Nancey.

A mesure que parlait la jeune fille, Paul sentait se dissiper le brouillard qui depuis le commencement de sa maladie s'étendait comme un voile entre lui et le passé.

Les moindres circonstances du duel dans le chemin creux se représentèrent nettes et distinctes à son esprit, jusqu'au moment où l'épée de son adversaire avait, comme un fer rouge, traversé sa poitrine.

Il revit Blanche, seul témoin du combat, attachant sur lui son regard fixe et cruel. — Il l'entendit crier à Grégory :

« — Je t'aime et je le hais!... Tue-le!... »

— Et j'adorais cette femme! — se dit-il tout bas. — Mais c'est alors que j'étais en délire! — Quel philtre m'avait-elle versé? — Par bonheur c'est fini!... — Je la méprise maintenant autant que je l'aimais...

Paul, en se disant ce qui précède, ne s'illusionnait point. La chaîne était bien véritablement brisée et le charme rompu. Son cœur, où Blanche ne régnait plus, s'en allait désormais tout entier vers Alice.

Comment expliquer cette agonie si brusque de la passion dévorante qui semblait ne devoir jamais finir, puisque les dédains, les insultes, les trahisons de Blanche étaient des aliments pour elle?

C'est dans la maladie du comte qu'il faut chercher la première cause de cette guérison morale. — La fièvre du corps, sans doute, avait été l'antidote homœopathique de la fièvre de l'âme. — En brûlant le sang dans les veines de Paul, elle avait cautérisé les blessures faites à son cœur par un amour insensé et malsain.

Cette cause était la première, la principale peut-être, mais ce n'était point la seule.

Alice, elle aussi, jouait un grand rôle dans le phénomène que nous constatons.

M. de Nancey, même pendant ces journées si longues où la souffrance et le délire obscurcissaient son intelligence, subissait à son insu l'influence de cette jeune fille, charmante et pure comme Marguerite, qui se penchait sur lui et le regardait avec ses grands yeux, humides de compassion et de tendresse.

L'amazone de la tapisserie occupait sans cesse la pensée de Paul dans ses accès de passagère folie. — Or, cette chasseresse c'était Alice, toujours Alice.

Nous devons ajouter que chez les hommes en général, — et en particulier chez ceux qui sont doués d'une organisation passionnée et sensuelle, — la femme *présente* prend bien vite et forcément la place de la femme qui n'est pas là. — Le cœur de ceux qui ressemblent à Paul de Nancey, — et ils sont nombreux, — a l'horreur du vide.

Blanche avait chassé de ce cœur l'image de Marguerite, — l'image de Blanche s'effaçait à son tour, et celle d'Alice entrait rayonnante dans le temple profane qui s'ouvrait pour la recevoir.

A partir de l'entretien de la jeune fille et du blessé, la fièvre, le délire, les hallucinations, disparurent absolument et la convalescence commencée fit des progrès rapides.

Une semaine s'écoula. — Paul, quoique bien faible encore, put quitter son lit et franchir, soutenu par Alice et par madame Lafène, la courte distance qui séparait ce lit d'un fauteuil placé pour lui près de la fenêtre entr'ouverte.

Cinq ou six jours plus tard il lui fut possible de descendre un moment au jardin. — La force revenait avec l'appétit. — M. de Nancey reprenait bonne mine, et la barbe soyeuse et fauve, qui maintenant encadrait son visage et modifiait le caractère de sa physionomie, lui donnait quelque chose de sérieux et le rendait en somme plus charmant qu'il ne l'avait jamais été.

Paul savait qu'on n'avait trouvé dans son portefeuille ni le passe-port dont il s'était muni en quittant Paris, ni la lettre par laquelle Blanche lui annonçait son départ avec le prince.

Il devinait à merveille que Grégory, le croyant mort, avait fait disparaître ces papiers afin de rendre plus difficile, sinon même impossible, la constatation de l'identité du cadavre abandonné dans le chemin creux.

M. de Nancey ne se sentait point désireux de rentrer de sitôt en France où rien ne le rappelait.

Il écrivit à Paris, afin de se faire envoyer un nouveau passe-port, des malles de linge et de vêtements, et des traites sur les banquiers de Hombourg et de Francfort.

Ces lettres écrites, il attendit.

Sa convalescence était assez avancée désormais pour lui permettre de quitter la demeure où des soins affectueux l'avaient rappelé à la vie.

La discrétion et les plus simples convenances exigeaient qu'il parlât de son départ; il le savait bien, mais il ne se sentait pas le courage d'aborder un tel sujet d'entretien...

Si on allait le prendre au mot? — Si ses hôtes, tout en lui témoignant un regret poli de se séparer de lui, ne faisaient rien pour le retenir?

Il lui faudrait donc s'éloigner de cette maison qui désormais pour lui devenait l'univers?... — il faudrait s'en éloigner en y laissant son cœur?... car il aimait la douce Alice... — Oui, pour leur malheur à tous deux, il l'aimait d'un immense amour!...

Qu'espérait-il de cet amour?

Pouvait-il admettre la pensée odieuse de reconnaître par une séduction la touchante hospitalité qu'il venait de recevoir?... — Se proposait-il de payer une dette sacrée en déshonorant cette famille?...

Plus d'une fois, hélas! nous avons vu le comte de Nancey descendre bien bas. — Il n'était point cependant assez misérable pour combiner froidement une pareille infamie. — Il respectait Alice en l'adorant, et c'est la meilleure preuve, ce nous semble, que véritablement il l'aimait... Mais il ne pouvait l'épouser, puisque sa femme était vivante.

Encore une fois, que voulait-il donc?

Lui-même ne le savait pas. — Il cédait, une fois de plus, à la passion que sans cesse il avait prise pour guide. — Incapable de résister à ses entraînements, il s'engageait en aveugle dans un chemin dont l'unique issue était une action infâme. — Tout entier aux enchantements de ce chemin, il se cachait le but à lui-même... — Aveugle, avons nous dit. — Aveugle, non, mais pis que cela! Il fermait volontairement les yeux pour ne point voir.

Personne ne savait mieux que Paul être aimable lorsqu'il le fallait. — Or, ayant un grand intérêt à s'assurer la bienveillance de madame Lafène, il n'avait rien négligé pour plaire à l'excellente femme, et son succès auprès d'elle était complet.

Ne pouvant plus se passer de lui, elle envisageait avec une véritable terreur l'époque, — heureusement indéterminée, — où il parlerait de quitter l'Allemagne.

M. Lafène, lui aussi, se trouvait sous le charme. — Les manières simples et élégantes du jeune homme, sa conversation vive et brillante, l'enchantaient d'autant plus qu'il était depuis de longues années, — lui, Français, — en contact avec des Allemands, et que ces derniers, — tout amour-propre de nationalité mis à part, — soutiennent mal la comparaison avec nos compatriotes.

Le digne commerçant, — modifiant ses vieilles habitudes, — revenait chaque jour une heure plus tôt afin de retrouver son hôte et, comme il le disait lui-même, afin de se *retremper* auprès de lui.

Nous avons parlé, dans l'une des pages précédentes, de l'éclosion du cœur d'Alice. — Nous avons montré le premier germe de l'amour se développant dans ce cœur ingénu, loyal et pur... — il est presque superflu d'ajouter que cet amour avait grandi bien vite. — Alice aimait de toutes ses forces, — elle aimait pour la première et pour la dernière fois de sa vie.

Souvent, presque chaque jour et parfois pendant des heures entières, Paul et la jeune fille se trouvaient seuls ensemble, tantôt au salon, tantôt dans le jardin.

Pas une parole d'amour ne s'échangeait alors entre eux, mais leurs regards se parlaient si leurs lèvres restaient muettes, et rien n'est dangereux comme ces longs silences où l'on entend deux cœurs battre à l'unisson...

De quelle façon justifier l'étrange imprudence de madame Lafène, autorisant ou tout au moins tolérant ces tête-à-tête si pleins de périls entre son hôte et sa nièce?

L'excellente femme avait un grand tort (que nous ne nous sentons guère, cependant, le courage de lui reprocher), celui de juger les autres d'après elle-même. — Sa vie déjà longue, où on n'aurait pu trouver ni une faute, ni une défaillance, ni même une tentation, la rendait confiante. — Elle ne croyait point au mal. — Nous savons en outre qu'elle s'habituait difficilement à considérer Alice comme une jeune fille. — Pour elle sa nièce était toujours une enfant. — Comment donc se serait-elle mise en garde contre un danger dont elle ne soupçonnait point l'existence?

Un soir, après dîner, les maîtres de la maison, Alice et Paul étaient réunis dans le jardin. On prenait le café sous les ombrages d'une salle de verdure ornée, à son point central, d'une table ronde en pierre polie.

Il ne faisait pas tout à fait nuit, mais le crépuscule devenait de plus en plus sombre.

— Mon cher comte, — dit M. Lafène, — il est certaine question qui m'est venue vingt fois sur les lèvres et que la discrétion a fait rentrer vingt fois. — Lui permettez-vous de sortir ce soir ?

— Je le permets, n'en doutez pas !...

— Même si cette question est indiscrète?... et j'ai grand'peur qu'elle le soit....

— J'y répondrai quand même...

— Dites-nous donc alors quels étaient les motifs du duel auquel nous avons dû la joie de vous connaître... Ce duel avec le Russe, mari d'une si jolie femme...

M. Lafène souligna ces derniers mots par l'intonation, à peu près comme l'aurait pu faire Geoffroy, l'excellent comique du Palais-Royal.

— Les motifs les plus simples, — répondit Paul sans hésiter. — Le comte Labanoff et moi avions eu, à Cologne, une discussion très-vive à propos d'une cause futile. J'affirmais la prédominance des chevaux anglais sur les chevaux russes... il la niait. — Quelques mots du comte m'avaient froissé. J'y voyais presque une provocation. — Je ne la relevai pas, cependant. — Le hasard me remit le lendemain en face du comte à Hombourg. Il me regarda d'un air moqueur, en souriant. — Je ne pouvais supporter cela. — Je le lui dis. — Vous savez le reste.

— Ah! grand Dieu! — s'écria madame Lafène, — se faire tuer ou tuer son prochain pour moins que rien... pour des chevaux... pour un mot... pour un sourire... quand, cinq minutes auparavant, on ne s'était jamais vu ! — Mais c'est de la folie toute pure !

— Ainsi, cette dame si jolie?... — insista M. Lafène.

— Je ne la connaissais pas...

— A propos, comte, êtes-vous marié?

Il se fit un silence.

Alice devint pâle comme une morte, tandis que le visage de M. de Nancey s'empourprait; mais la demi-obscurité cacha la pâleur de l'une et la rougeur de l'autre.

— Non... — répondit Paul d'une voix changée. — Je suis veuf...

XXXIII

CONSEIL DE FAMILLE.

A son hôte lui demandant : — « *Êtes-vous marié ?* » — Paul avait répondu :
« *Je suis veuf…* »

Pourquoi ce mensonge?

C'est que M. de Nancey connaissait bien la nature loyale d'Alice. — Il avait la
certitude que la jeune fille, dût-elle en souffrir, dût-elle en mourir, briserait son
cœur plutôt que de le laisser au mari d'une autre femme.

En entendant la réponse du comte, l'enfant respira, et, ne pouvant dominer
l'émotion joyeuse qui débordait en elle, elle se jeta dans les bras de sa tante et
couvrit ses joues de baisers.

— Chère petite fille, qu'as-tu donc? — s'écria madame Lafène un peu surprise
de cet accès d'expansion que rien ne semblait motiver.

Alice, un peu confuse, murmura :

— Je n'ai rien, ma tante… — Je vous aime… voilà tout…

Paul de Nancey, lui, avait compris…

Le lendemain la tante et la nièce se trouvaient ensemble. — Madame Lafène
parlait du comte, et, selon son habitude, ne tarissait point en éloges.

Alice l'écoutait avec ravissement.

— Oui, certes, c'est le plus aimable jeune homme que j'aie rencontré jamais !…
— conclut la bonne dame en terminant. — Si distingué, si bien élevé, si reconnaissant de ce que notre bonne étoile nous a permis de faire pour lui… — N'est-ce
pas, petite?…

Les maîtres de la maison, Alice et Paul étaient réunis dans le jardin. (Page 174.)

—Oh! oui, ma tante...

— Nous sommes heureuses de l'avoir connu, —continua madame Lafène, —et cependant mieux eût valu qu'il ne mît point les pieds chez nous...

— Pourquoi donc cela, ma tante?...

— Parce que nous avons pris l'habitude de sa société... On ne s'ennuie jamais avec lui... Il parle de tout avec tant d'esprit... il cause vraiment comme un ange...

— Eh bien! ma tante?

— Eh bien! ma nièce, la maison nous semblera vide quand il sera parti...

— Comment, parti? — murmura la jeune fille avec une stupeur douloureuse, — il va donc partir?

— Il n'en a rien dit, mais c'est malheureusement trop certain... — Te figurais-tu que M. le comte de Nancey passerait sa vie près de nous? — Il a sa fortune en France, sa famille, ses amis, ses habitudes... — Un jour ou l'autre il voudra retrouver tout cela... Quoi de plus naturel?... — J'admets qu'il ne nous oubliera pas tout à fait, car il est plein de bons sentiments... J'admets qu'il pensera quelquefois à nous... qu'il nous écrira même... — il n'en sera pas moins à deux ou trois cents lieues de Hombourg, et nous ne le reverrons plus...

La pauvre Alice sentit son cœur gonflé défaillir.

Comme la veille, mais pour une cause bien différente, elle se jeta dans les bras de sa tante, et appuyant son visage sur l'épaule de l'excellente femme, elle se mit à sangloter amèrement.

— Miséricorde! — s'écria madame Lafène très-surprise et très-effrayée, — voilà maintenant que tu pleures! — Qu'est-ce qui te prend, chère mignonne?

Alice ne répondait pas. — Sa poitrine se soulevait. — Des larmes de plus en plus abondantes inondaient ses joues pâlies.

— Ma chérie, mon enfant, ma petite fille bien-aimée..., — reprit la bonne dame, — je t'assure que tu me fais peur... — Qu'ai-je pu dire qui t'afflige ainsi? — D'où vient ce gros chagrin?... — Alice, mon bijou, parle-moi... réponds-moi... veux-tu?...

— Ma tante, — balbutia la jeune fille, incapable de cacher plus longtemps ce qui se passait en elle, — ma tante, il va partir, il va partir... et je l'aime!...

Jamais, non, jamais, stupeur ne fut comparable à celle de madame Lafène en entendant ces mots : — *Je l'aime!*

Était-ce vrai? était-ce possible?... — Quoi! cette Alice que si peu de temps auparavant elle endormait sur ses genoux, cette Alice dont une poupée brisée ou quelque oiseau échappé de sa cage causaient les uniques soucis, cette Alice, devenue tout à coup jeune fille, avait un cœur prêt pour l'amour et prêt pour la souffrance, et ce cœur, elle venait de le donner!

La digne tante, brusquement mise en face de la réalité, ne pouvait en croire ses oreilles. — Elle devait se tromper; elle avait mal compris sans doute.

— Tu l'aimes! — répéta-t-elle. — Que nous dis-tu là? — Qui aimes-tu?

— Lui.

— Le comte de Nancey?

— Oui, ma tante.

— Et... depuis quand ?

— Depuis toujours...

— A ton âge !...

— J'ai seize ans passés.

Madame Lafène dénoua doucement l'étreinte à la fois caressante et convulsive des bras qui l'enlaçaient, et éloignant un peu de son épaule la mignonne tête d'Alice, elle regarda ce doux visage, adorable toujours quoique baigné de larmes, et ces grands yeux tristes et limpides dont les longs cils gardaient des perles suspendues.

La lumière se fit alors dans le cœur tout maternel de l'excellente femme. — Ce n'étaient plus là des yeux d'enfant. — Leurs prunelles chastes et profondes débordaient d'amour infini...

— Et lui ? — murmura madame Lafène en poussant un gros soupir, suprême tribut payé à ses illusions envolées. — Et lui, t'aime-t-il ?

— Je ne sais pas...

— Il ne t'a rien dit ?

— Rien...

— Jamais un mot ?

— Jamais !... et cependant j'espère... et si j'ai raison d'espérer... si véritablement il m'aime, il restera, n'est-ce pas, ma tante ?...

— Il est certain que s'il est amoureux de toi... s'il te demande en mariage... cela modifiera bien les choses...

— Sa femme... moi !... — murmura la jeune fille dont les larmes se séchèrent comme par enchantement... — Oh ! ma tante... ma chère tante, le croyez-vous ?

— Mais, pauvre petite mignonnette, comment veux-tu que je croie quelque chose, moi qui ne me doutais absolument de rien ? — C'est un bien gros secret que tu viens de me confier ! — Il faut de la prudence, ma chérie... beaucoup de prudence. — Je causerai ce soir avec ton oncle... c'est un homme qui connaît le monde et la vie mieux que nous... — Il t'aime tendrement... il veut que tu sois heureuse. — Il nous guidera, mon Alice, et nous serons sûres, guidées par lui, de suivre la voie la plus droite et le plus honnête chemin...

— Oui, ma tante...

— Et, jusqu'à ce soir, ma chérie, évite sans affectation de te trouver seule avec le comte... — C'était très-bien quand tu étais une enfant... quand, du moins, tu me semblais telle... Mais, maintenant que te voilà une jeune fille, ça ne serait plus convenable... — Tu feras ce que je te dis, n'est-ce pas ? — Tu me le promets ?

— Je le promets et je tiendrai parole.

M. Lafène, fidèle à ses nouvelles habitudes, revint de Francfort une heure environ avant le dîner.

Sa femme, désirant se débarrasser le plus tôt possible d'une responsabilité qui lui semblait trop lourde, l'attendait à la grille. — Elle s'empara de lui et l'emmena dans la partie la plus reculée du petit parc, sans répondre un mot, chemin faisant, aux questions qu'il lui adressait.

Madame Lafène, ayant atteint certaine grotte construite en rochers artificiels, — grotte dont nous avons signalé l'existence, — pénétra sous la voûte et se laissa tomber sur un banc rustique en s'essuyant le front, car elle avait marché vite et il faisait chaud.

— Ma chère amie, — dit le mari en s'asseyant à son tour, — m'apprendrez-vous enfin ce que signifient vos allures mystérieuses?... On croirait, à vous voir, qu'il se passe dans notre maison quelque chose d'énorme et que vous allez me révéler un prodigieux secret...

— Ne riez pas ! — répliqua madame Lafène, — gardez-vous-en bien, car vous avez deviné juste ! Il se passe ici quelque chose de grave...

— Et de fâcheux? — demanda vivement le mari.

— Cela dépend...

— S'agit-il d'Alice?

— Oui.

— Parlez vite !

— Alice aime le comte de Nancey...

M. Lafène fit un brusque haut-le-corps.

— Elle aime le comte ! — s'écria-t-il. — Cela peut être grave, en effet. — Mais dites-moi, comment avez-vous deviné?...

— Je n'ai rien deviné... je n'ai rien vu... C'est Alice elle-même, pauvre cher ange, qui m'a appris ce que je sais.

— Et le comte, lui, aime-t-il Alice?

— Elle l'ignore, mais elle l'espère. M. de Nancey est un honnête homme, et, s'il aime, il n'a point parlé. — Que faire?

— Suivre le droit chemin, comme toujours, et m'expliquer avec le comte... — Je lui parlerai dès ce soir... — Je ferai appel à son honneur. — C'est un honnête homme, vous l'avez dit... Il comprendra ce qu'une démarche nette et franche comme la mienne a d'honorable pour lui. — Hélas! j'ai grand'peur que notre douce Alice se soit fait des illusions. — Elle est jolie, je le sais bien, elle sera riche, mais elle est de famille obscure, tandis que lui il est le comte de Nancey! — Je suis certain d'ailleurs, d'après ce que m'a dit un banquier de Francfort, que la fortune de notre hôte est très-considérable, plus considérable que la nôtre.

— Qu'importe tout cela si le comte aime Alice?

— Oui, certes, s'il l'aime... Mais l'aime-t-il? — La question est là tout entière... Elle sera résolue ce soir.

— Ah! mon ami, je suis bien tourmentée! — Pourvu que la chère mignonne n'ait point à souffrir de tout ceci! — Commencer à seize ans, ce serait vraiment trop tôt!

— A seize ans les blessures du cœur se cicatrisent vite... Et, d'ailleurs, nous serions là pour la consoler... Nous l'aimons tant!

Le dîner, ce jour-là, fut singulièrement triste. — Une visible contrainte y régnait malgré les efforts des maîtres de la maison pour ne point sembler préoccupés.

Paul, très-inquiet, s'était aperçu dans l'après-midi que la jeune fille évitait sa présence. — Elle paraissait agitée, et ses paupières, un peu rougies, prouvaient clairement qu'elle avait pleuré.

— Que signifie cela? — se demandait M. de Nancey. — Comment pourrait-on savoir déjà qu'hier au soir j'ai menti?...

Le repas achevé, M. Lafène passa son bras sous le bras de son hôte, en lui disant :

— Si vous le voulez bien, mon cher comte, nous allons descendre au jardin et fumer un ou deux cigares. — J'en ai rapporté d'excellents. Ce sont des *planteurs*, provenance directe de la Havane...

— A vos ordres..., — répliqua Paul, et, tout bas, il ajouta : — Il va me parler d'Alice!...

XXXIV

PARTI PRIS.

M. Lafène et Paul s'arrêtèrent un instant pour allumer les fameux *planteurs* au feu d'une petite lampe à esprit-de-vin, placée tout exprès sur un meuble du vestibule, puis le négociant reprit le bras de son hôte et l'entraîna dans le jardin.

Le maître du logis parlait beaucoup et très gaiement de toutes sortes de choses insignifiantes ; mais il était facile de voir qu'il agissait à la manière des poltrons qu'on entend chanter pour se donner du courage, et qu'au fond sa loquacité cachait un fort grand embarras.

Sa verve tomba tout à coup. — Le silence se fit.

— Nous y voici..., — pensa M. de Nancey.

M. Lafène ralentit le pas et, cessant de tenir Paul par le bras, lui prit la main.

— Mon cher comte, — commença-t-il d'une voix qu'il essayait en vain de rendre ferme, car une profonde émotion la faisait trembler, — vous m'inspirez la plus vive sympathie, et permettez-moi d'ajouter que je ressens pour vous une sérieuse affection...

— Et moi, mon cher hôte, — interrompit Paul, — j'éprouve à votre endroit des sentiments pareils, auxquels se joint une sincère reconnaissance...

— Je le crois... je n'en doute pas..., — reprit M. Lafène, — et je vous supplie de ne voir quoi que ce soit de blessant dans l'étrange communication que je vais vous faire...

— Comment une chose venant de vous pourrait-elle me blesser ? — demanda le comte.

— Vous allez le comprendre... Mais c'est que, voyez-vous, c'est terriblement difficile à dire...

— Dites-le donc sans périphrases... — C'est le meilleur moyen de se tirer des choses difficiles...

— Vous avez raison... Je vais droit au but... — Il nous semble, à madame Lafène et à moi, que nous vous avons toujours connu... — Nous nous sommes habitués à vous regarder comme faisant partie de la maison... — Votre présence ici nous enchante et nous ne pouvons nous passer de vous... — Eh bien...

Le maître du logis s'arrêta.

— Eh bien? — répéta Paul.

M. Lafène, appelant à la rescousse toute sa force de volonté, toute son énergie, vint à bout d'articuler ces quelques mots :

— Eh bien ! je vous supplie de partir...

Puis il baissa la tête comme un homme épouvanté de ce qu'il vient de dire.

— Dois-je vous quitter ce soir même ? — demanda tristement Paul, qui depuis un instant s'attendait à la conclusion formulée par M. Lafène.

— Mon Dieu ! — s'écria ce dernier, — je viens de vous blesser !... — J'en étais sûr d'avance...

— Affligé, oui, — étonné, peut-être..., — répliqua le comte, — mais non blessé, je vous le jure ! — Pour me parler ainsi que vous venez de le faire, vous devez avoir un motif impérieux...

— Oui, bien impérieux... bien sacré ! — reprit vivement M. Lafène, — et ce motif, vous allez le connaître... Je ne vous cacherai rien... vous trouverez dans cet aveu même une preuve sans réplique de la haute estime que j'éprouve pour vous...

— Parlez donc, mon cher hôte... — Vous comprenez que j'ai hâte de savoir...

— Eh bien ! le bonheur et le repos de mon Alice, de ma nièce chérie, de ma fille d'adoption, sont en jeu... — La chère mignonne vous semble une enfant, n'est-ce pas? Pourtant elle a seize ans passés. — A cet âge, le cœur qui s'éveille prend facilement pour des réalités ses premiers rêves et ses premières illusions. — Les différences de caste, les distinctions sociales n'existent pas pour lui. Il ne réfléchit point et ne calcule rien. — J'aurais dû prévoir cela, mais, je l'avoue en toute humilité, la pensée du péril ne s'est même pas présentée à mon esprit. — Aujourd'hui, le mal est commencé. Il faut le couper dans sa racine pendant qu'il en est temps encore. — Je vous sais galant homme, cher comte; aussi, sans hésiter, je confie ce secret à votre honneur... Alice se figure qu'elle vous aime...

— Pourquoi supposez-vous qu'elle se figure ? — s'écria Paul entraîné par un élan de passion irrésistible, — qui vous fait croire que cet ange ne m'aime pas véritablement ?...

— Mais, — murmura M. Lafène surpris de l'impétuosité du comte, — il me semble que ce serait un malheur... un grand malheur...

— Pourquoi ? — interrompit M. de Nancey.

— Parce que vous, vous ne l'aimez pas...

— Qui vous a dit cela ?

— Vous l'aimez ?...

— Je l'adore...

— Ainsi vous aviez deviné ?

— Tout. — Croyez-vous donc qu'un cœur de seize ans puisse cacher ce qui se passe en lui ?

M. Lafène tombait des nues.

— Mon cher hôte, — balbutia-t-il, — je ne sais pas... non, vraiment, je ne sais pas si je dois me réjouir ou m'affliger de ce que j'apprends là. — Êtes-vous sûr de ne pas vous tromper vous-même ? — Alice, vous voyant blessé, mourant, vous a donné les soins affectueux et tendres qu'une sœur prodiguerait à son frère... — Ne prendriez-vous point, par hasard, la reconnaissance pour de l'amour ?...

— Non ! cent fois non... je sais trop bien ce que j'éprouve.

— Enfin, avez-vous réfléchi ?

— A quoi ?

— A votre situation. — Vous êtes le comte de Nancey... — Alice est une enfant sans naissance. — Alice aura notre fortune, il est vrai, mais cela vous importe peu, vous êtes riche... — l'éducation si simple de la chère mignonne lui permettrait-elle de tenir convenablement sa place dans le monde qui est le vôtre et dont elle soupçonne à peine l'existence ? — Ne regretteriez-vous point un jour, et pendant toute votre existence, la folie qu'une minute d'entraînement vous aurait fait commettre ?

— Jamais ! jamais ! — s'écria Paul. — Vous appréciez mal votre nièce... Toutes les distinctions sont en elle... Elle est de celles qui brillent partout, et partout au premier rang...

— Songez-vous à ce qu'on dirait si vous deveniez le mari d'Alice ? — reprit vivement M. Lafène.

— Eh ! que pourrait-on dire ?

— Que nous vous avions recueilli à la suite d'un duel... que nous avons profité

— Ma chère amie, m'apprendrez-vous enfin ce que signifient vos allures mystérieuses?... (Page 180.)

de l'affaiblissement moral résultant d'une longue maladie pour vous capter à notre profit...

— Ce serait un mensonge et une infamie!...

— On ne le dirait pas moins...

— Qu'importe?

— Écoutez-moi, monsieur le comte: — Certes, je ne m'opposerai point à ce qui pourrait devenir votre bonheur et celui de mon enfant bien-aimée; mais si vous me disiez à l'instant : — *Je vous demande la main d'Alice,* — je ne vous répondrais pas aujourd'hui...

— Pourquoi?

— Parce que j'exige que vous réfléchissiez encore. — Prenez le temps de peser dans votre esprit les choses si simples, mais si incontestablement vraies, que vous venez d'entendre... En aucun cas vous ne pourriez aujourd'hui quitter notre maison... — La nuit est bonne conseillère... — Les salutaires inspirations viennent de la solitude et du silence... — Si demain vous avez compris qu'un homme tel que vous doit chercher une femme dans le milieu auquel il appartient, vous partirez en emportant avec vous toutes nos sympathies et tous nos vœux. — Si au contraire vous êtes toujours dans les mêmes sentiments, nos bras vous seront ouverts, et, pour ma part, je serai bien heureux de vous nommer mon fils... puisque j'appelle Alice ma fille...

— Soit, mon cher hôte, — répondit Paul; — que votre volonté soit faite!

— A demain donc!

— A demain...

M. Lafène accompagna le comte jusqu'à la chambre aux tapisseries et courut ensuite retrouver sa femme pour lui raconter, par le menu, l'entretien auquel nous venons de faire assister nos lecteurs.

Paul, resté seul, éprouva tout d'abord une sorte de vertige en songeant à ce qui venait de se passer.

Ainsi donc, obéissant une fois de plus à cette étrange folie qui s'emparait de lui lorsque ses passions se trouvaient en jeu, il venait de recommencer, — mais dans des circonstances bien autrement dangereuses, — ce qu'il avait fait jadis au chalet de Ville-d'Avray en jurant sur l'honneur d'épouser Blanche Lizely, et cela le lendemain du jour où Nicolas Bouchard lui avait accordé la main de Marguerite!

Mais alors il ne commettait qu'une infamie, tandis qu'aujourd'hui il marchait droit à un crime.

Abuser de Blanche Lizely amoureuse et confiante, cela pouvait lui valoir le juste mépris des honnêtes gens — (en supposant que son indigne action fût connue), — et c'était tout...

Devenir le mari d'Alice, — la comtesse de Nancey vivant encore, — c'était la bigamie, la cour d'assises, le bagne!

Paul eut peur.

— Je n'oserai jamais, — se dit-il, — il faut partir... je partirai...

Partir! —quitter, pour ne la plus revoir jamais, cette adorable petite Alice, cette enfant si pure qu'il aimait et de qui il était aimé ! — Est-ce qu'il en aurait la force ? est-ce qu'il en aurait le courage ?

La réponse à cette question n'est pas douteuse pour qui connaît notre héros. — Dès que la passion commandait, Paul devenait esclave.

Qui pouvait l'arrêter ? — Le sens moral ? — Il n'en avait pas. — Sa conscience ? — Elle était muette depuis longtemps.

Restait la prudence, — restait l'effroi, sinon du crime, au moins de ses conséquences, — les gendarmes, les douze jurés, le réquisitoire foudroyant du procureur impérial, la condamnation flétrissante, et enfin la casaque rouge des forçats.

Mais, s'il était possible d'éviter ces choses funestes ?...

Paul chercha d'abord le moyen d'accomplir le crime lui-même, et rien ne lui sembla plus facile.

M. Lafène savait qu'il avait été marié, mais il ne pouvait soupçonner qu'il l'eût été deux fois. — L'acte de décès de Marguerite prouverait le veuvage d'une façon inattaquable... — Que fallait-il de plus ?

Le même acte servirait pour les publications légales faites, non point à Paris, mais dans le fond de la Normandie, au village des Tilleuls où Paul, nous le savons, possédait un domaine.

Le maire, — honnête paysan d'une intelligence infiniment bornée, — ignorait, lui aussi, que le comte eût de nouveau pris femme après la mort de la première comtesse, et ne soulèverait aucune objection.

Le mariage célébré à Hombourg, au consulat français, serait inconnu du monde entier.

Rentrer en France, retourner avec Alice à Paris devenait impraticable, il est vrai, mais M. de Nancey ne tenait guère à revoir Paris, et surtout cet hôtel de la rue de Boulogne où il avait si cruellement souffert.

Il ferait vendre ses propriétés, réaliserait sa fortune, achèterait quelque part, en Italie, un palais de marbre reflétant dans les eaux calmes d'un lac ses blanches terrasses et ses massifs de lauriers roses, et là, sous un nom d'emprunt, il vivrait, défiant la justice et complétement heureux auprès de la femme qu'il aimait plus qu'il n'avait jamais aimé...

Toutes choses s'arrangeant ainsi pour le mieux dans l'esprit du comte, il se dit que la solution du problème était trouvée, et, le lendemain matin, ses premières paroles à M. Lafène furent celles-ci :

— La nuit a porté conseil, mon cher hôte, et j'ai l'honneur de vous demander la main de mademoiselle Alice, votre nièce...

XXXV

L'INATTENDU.

— J'ai l'honneur de vous demander la main de mademoiselle Alice, votre nièce, — avait dit Paul de Nancey.

— Et de tout mon cœur je vous la donne, — répondit M. Lafène dont l'honnête figure s'illumina de joie. — Ma femme et votre fiancée sont ensemble au jardin. — Nous allons, si vous le voulez bien, les rejoindre et leur annoncer la bonne nouvelle.

— Ah! — s'écria le comte, — si je le veux? — Venez... venez vite!

Madame Lafène et la jeune fille marchaient silencieusement l'une à côté de l'autre.

La bonne dame était inquiète. — Alice, triste et rêveuse pour la première fois de sa vie, ralentissait le pas pour cueillir des fleurs dont elle faisait un bouquet, mais sa main distraite en brisait les tiges, ses doigts en arrachaient les pétales.

En voyant arriver de loin le maître du logis et M. de Nancey, les deux femmes s'arrêtèrent. — Madame Lafène devint pâle; Alice se sentit défaillir. — La pauvre enfant devinait sans peine qu'à la suite de son entretien de la veille avec sa tante quelque chose de décisif était au moment de se passer.

Le comte venait peut-être annoncer son départ.

Alice n'osait lever les yeux. — Un seul regard jeté sur Paul aurait suffi cependant pour la rassurer, car le visage du jeune homme était rayonnant.

A trois pas de sa femme et de sa nièce, le négociant fit halte.

— Alice... — dit-il.

— Mon oncle ? — murmura la jeune fille.

— Je t'amène ton mari... Embrasse-le.

Les yeux de la douce enfant s'agrandirent. — Elle entendait, mais elle n'osait pas comprendre.

— Eh ! oui... — reprit M. Lafène. — C'est de lui qu'il s'agit... du comte Paul de Nancey... car vous serez comtesse, ma mignonne... mais ça t'est bien égal, n'est-ce pas ? — Allons, chère petite fille, embrasse-le donc ! tu vois bien qu'il attend !

Alice ne pouvait plus douter... — Elle poussa un faible cri, — ses joues s'empourprèrent, — elle fit un mouvement pour se jeter dans les bras que Paul lui tendait ; mais la force lui fit défaut, — l'émotion la brisa, — ses joues devinrent mortellement pâles, elle appuya la main sur son cœur trop gonflé, et, si le comte ne l'avait soutenue, elle serait tombée sans connaissance.

— Maladroit ! — s'écria madame Lafène en s'adressant à son mari. — A-t-on idée de s'y prendre de la sorte ! — Oh ! les hommes ! les hommes ! — Vous savez bien pourtant que la pauvre mignonne est trop nerveuse et trop impressionnable pour résister à un pareil choc ! — Vous pouviez la tuer !

— Allons donc ! allons donc ! — répliqua le négociant, — j'ai peut-être été brusque, — un peu trop, j'en conviens, mais c'était sans danger. — Le bonheur ne tue pas ! on ne meurt point de joie ! — et la preuve, la voilà ! — Tenez...

Alice en effet revenait à elle, pâle encore, mais la bouche souriante et les yeux pleins de flammes humides.

— Chère tante, — dit-elle, — ne grondez plus mon oncle... il a raison, la joie ne fait jamais de mal... et je suis heureuse, allez ! bien heureuse !

Tout en parlant, elle leva sur Paul son doux regard candide et lui présenta son front pur sur lequel il appuya ses lèvres.

On ne saurait imaginer une scène plus touchante, un tableau plus exquis ! — Ce premier baiser, ce baiser chaste d'un charmant jeune homme à l'adorable enfant qui s'offrait à lui, aurait ravi les anges !

Mais par malheur ce charmant jeune homme avait une autre femme — légitime — et vivante !

*
**

Le parti de Paul était pris irrévocablement. — Il avait résolu de marcher jusqu'au bout dans la voie funeste où nous l'avons vu s'engager.

Il ne perdit pas une heure, pas une minute pour écrire à Paris, tant sa hâte était grande. — Il demandait les titres de sa fortune, qu'il voulait mettre sous les yeux de M. Lafène, et une double expédition de l'acte mortuaire de Marguerite. — Tout cela lui parvint sans le moindre retard.

Les publications légales furent faites au consulat de France en même temps qu'en Normandie, et, ainsi que le jeune homme l'avait prévu, le maire des Tilleuls, ignorant absolument le second mariage de Paul, ne souleva aucune objection et expédia en temps utile, avec le plus grand zèle, le certificat sans lequel il aurait été impossible de passer outre.

Paul, de plus en plus amoureux, et de plus en plus convaincu qu'il aimait véritablement pour la première fois, trompait de son mieux son impatience en ne quittant presque pas Alice et en s'occupant d'elle encore quand il fallait passer un instant sans la voir.

Il fit à plusieurs reprises le voyage de Francfort avec M. Lafène, afin d'acheter pour la corbeille de noces les choses les plus belles qu'il put trouver, et il fit venir de Paris de véritables merveilles.

L'époque du mariage était fixée. — Alice chaque jour devenait plus charmante. — Rien n'embellit comme le bonheur, — ceci est indiscutable, — et la chère mignonne — (comme disait madame Lafène) — se trouvait heureuse à tel point que son bonheur dépassait ses rêves.

Il n'en était pas de même pour M. de Nancey.

Si violente que fût sa passion et si grande son ivresse à la pensée qu'Alice serait bientôt à lui et qu'il pourrait l'emporter au bout du monde et l'y cacher, une vague et persistante inquiétude qu'il s'efforçait vainement de chasser comme absurde ne lui laissait guère de repos et lui faisait des nuits d'insomnie.

Il ne savait d'où viendrait le danger, il ignorait si ce danger viendrait, mais enfin il devait tout craindre. Jusqu'à la dernière minute un incident inattendu pouvait se produire, faire crouler l'échafaudage de mensonges si laborieusement construit, rendre son crime impossible et lui enlever pour toujours Alice.

Il ne se sentirait absolument maître de la situation et sûr de l'avenir que lorsqu'un train rapide l'emporterait à travers l'Allemagne vers ce paradis des amoureux qu'on nomme l'Italie, avec la jeune fille qui se croirait sa femme.

Son intention d'ailleurs était de monter en wagon une heure après la cérémonie, de ne s'arrêter que lorsqu'il aurait franchi de grands espaces, et dans un pays où il lui serait possible de disparaître absolument.

Malgré ces inquiétudes ou plutôt ces angoisses qu'il nous semble facile de comprendre, le temps passait...

Quarante-huit heures seulement restaient à franchir avant la célébration du mariage. — Il devenait bien invraisemblable que l'incident redouté pût se produire dans un espace de temps si court. — Paul commençait à se rassurer.

M. Lafène arriva de Francfort à son heure habituelle. — Il était radieux comme un homme à qui vient d'advenir quelque heureuse chance inattendue.

— Mes bons amis, — dit-il après avoir embrassé sa femme et sa nièce, et serré cordialement la main de Paul, — si vous voulez voir un homme enchanté, regardez-moi...

— En effet, — répliqua M. de Nancey, — vous avez un air d'allégresse dont je vous félicite avant même d'en connaître la cause. — Que vous arrive-t-il?

— Une joie, mon cher comte, dont vous prendrez un peu votre part... — Nous aurons après-demain, à la cérémonie, un Français, un Parisien !... Il sera l'un des témoins d'Alice.

Un Français ! un Parisien !

Une sensation douloureuse crispa le cœur de Paul. — Il frissonna de la tête aux pieds et les racines de ses cheveux devinrent humides d'une sueur froide.

Il fit cependant bonne contenance.

— Vous avez raison, — dit-il. — Rencontrer loin de la France un compatriote, c'est toujours une grande joie. — De qui s'agit-il?

— D'une de mes anciennes connaissances... d'un homme que j'estime, que j'apprécie, que j'aime, car il aimait mon pauvre frère, le père d'Alice, et il lui est resté fidèle à une époque où tout le monde l'abandonnait... De cela, voyez-vous, je lui serai reconnaissant jusqu'à la mort...

Alice, les yeux mouillés de larmes, s'approcha de son oncle, et, se dressant sur la pointe de ses petits pieds, l'embrassa.

M. Lafène reprit :

— Ce vieil ami, que je n'ai pas vu depuis bien des années, s'est souvenu de moi... — Il m'a écrit... — J'ai reçu sa lettre aujourd'hui à mon comptoir de Francfort. — Retiré des affaires, il voyage pour son plaisir et viendra demain dans la matinée me demander si je suis encore en vie... — Vous pensez bien que je l'amènerai tout droit ici, et que, de gré ou de force, nous l'y garderons pendant quelques jours.

— Demain matin, je ferai préparer un appartement, — murmura madame Lafène.

— C'est un homme qui n'est point de votre monde, mon cher comte, — poursuivit le maître du logis, — mais ce n'est pas le premier venu... — Il s'est trèshonorablement enrichi dans l'industrie. — Il a reçu la croix d'honneur à je ne sais plus quelle Exposition, et je suis sûr qu'il la méritait. — Peut-être avez-vous entendu parler de lui, car sa position était considérable et son nom l'un des plus connus et des plus estimés du haut commerce.

— Il s'appelle?... — demanda M. de Nancey dont l'étrange malaise redoublait.

— Lebel-Girard... le premier tapissier de Paris. — Connaissez-vous ce nom ?

Paul se sentit écrasé comme si une maison à six étages venait de lui tomber sur la tête. — Néanmoins il balbutia :

— Oui... je le crois... il me semble qu'on l'a prononcé devant moi...

Ah ! la fatalité se mêlait de ses affaires !

Lebel-Girard ! — l'homme qui s'était occupé de son mariage avec Marguerite !— L'homme dont le successeur avait meublé à neuf l'hôtel de la rue de Boulogne à l'occasion des secondes noces avec Blanche Lizely ! — Lebel-Girard, sachant mieux que personne que la nouvelle comtesse de Nancey vivait encore, arrivait chez M. Lafène, et cela la veille du jour où Paul allait épouser Alice !

Quel écroulement ! — Tout était perdu ! perdu sans espoir et sans ressource !— Il ne restait à Paul qu'à partir bien vite avant que l'arrivée de l'hôte attendu eût fait tomber son masque; et le mépris, la haine de ceux qu'il avait été si près d'abuser, le suivraient dans sa fuite.

La haine et le mépris d'Alice ! — C'en était trop. — C'en était plus que M. de Nancey ne se sentait la force d'en subir.

— Eh bien, soit ! — se dit-il en reprenant tout à coup son sang-froid. — Elle saura que j'allais la tromper; oui, mais en même temps elle saura que je l'aimais au point de mourir en la voyant perdue pour moi ! — Plus de haine, alors, et plus de mépris ! — Le pardon et le souvenir... et peut-être l'amour encore... — Cette nuit je me tuerai !

— Dois-je vous quitter ce soir même? demanda tristement Paul. (Page 183.)

XXXVI

LE RENDEZ-VOUS.

M. de Nancey était le descendant de ces fortes races dont l'idée de la mort prochaine n'altérait pas la sérénité; — descendant bien dégénéré, bien avili, sans doute, mais enfin il avait dans ses veines un reste de ce sang généreux.

Au milieu des plus lamentables erreurs de sa vie, son courage de gentilhomme ne lui avait jamais fait défaut.

Aussitôt qu'il eut résolu de trancher, en se tuant, le nœud gordien de la situation, il reprit son sang-froid, son empire sur lui-même, et reconquit sa liberté d'esprit ; mais il lui fut impossible, malgré ses efforts, de chasser l'expression de tristesse ou tout au moins de mélancolie empreinte sur son visage.

Il acceptait la certitude d'avoir cessé de vivre avant la fin de la nuit suivante ; mais l'idée qu'il ne reverrait plus Alice, l'idée qu'il la quittait pour jamais au moment où il avait cru la posséder pour toujours, lui serrait le cœur comme si ce cœur eût été comprimé dans un étau.

Le valet de chambre de M. Lafène vint annoncer que le dîner était servi.

Paul, ainsi que de coutume, offrit son bras à la jeune fille que chacun considérait comme sa fiancée, et la pensée que le bras charmant de sa chère Alice ne s'appuyerait plus sur le sien agrandit encore cette sensation si profondément douloureuse dont nous signalions l'existence un peu plus haut.

Naturellement, à table, on s'occupa très-exclusivement du mariage, qui serait, croyait-on, célébré le surlendemain.

La robe de noces était arrivée depuis une heure, apportée par la meilleure couturière française de Francfort. — Alice devait l'essayer le jour suivant et se montrer radieuse et rougissante à Paul sous sa parure virginale.

On parla de cette robe, et tandis que les lèvres du comte de Nancey s'efforçaient de sourire, il se disait tout bas :

— Je ne la verrai pas ! une balle de pistolet remplacera pour moi le premier baiser de la vierge qui m'aime, et j'aurai pour couche nuptiale les quatre planches d'un cercueil...

Le repas achevé, M. Lafène proposa une promenade au jardin.

La nuit était venue, étoilée comme une nuit d'Italie et tiède comme une nuit d'été.

Le maître du logis et sa femme s'étaient aimés d'amour, — autrefois.

En interrogeant leurs souvenirs ils comprenaient que deux jeunes gens, à la veille de s'appartenir devant Dieu et devant les hommes, devaient éprouver le besoin d'être seuls pour échanger tout bas ces mots si doux que les amants de tous les temps et de tous les pays se sont dits dans les mêmes termes depuis la naissance du monde, et se répéteront encore tant que le monde existera.

Ils prirent les devants, laissant Alice et Paul en tête-à-tête.

La jeune fille passa son bras sous celui de Paul comme elle l'avait fait au moment du dîner, sans se douter de la sensation douloureuse que provoquait son contact charmant, et s'appuyant avec une mollesse innocente sur celui qui, — se disait-elle, — devait être son appui dans la vie, elle marcha lentement à côté de lui.

Les fleurs d'automne exhalaient dans l'atmosphère leurs parfums faibles et doux. — Les derniers papillons nocturnes bourdonnaient à l'entour des roses presque flétries. — Çà et là des feuilles mortes tombaient, et l'on entendait l'imperceptible bruit de leur chute sur le sable, tant le silence de la nature était profond.

Alice et Paul se taisaient. — Elle avait le cœur gonflé de joie, d'espérance et d'amour heureux. — Son cœur, à lui, débordait d'amertume inexprimable, de désespoir et d'amour brisé.

— Il faut pourtant que je lui dise adieu, — pensait-il, — un adieu qu'elle ne comprendra pas ce soir, mais dont elle se souviendra demain... demain, quand je n'y serai plus...

Tout à coup il tressaillit. — Une soudaine inspiration venait d'illuminer son esprit.

— Un adieu! — répéta-t-il tout bas. — Pourquoi un adieu? — Le coup inattendu qui m'a frappé ce soir avait-il donc paralysé mon intelligence? — Ai-je l'habitude de fuir au moment du danger?... — D'où m'est venue cette folie sinistre de vouloir me réfugier dans la mort quand la vie peut être si belle? — Rien n'est perdu si je le veux bien, et cela même vaudra mieux, puisque je ne risquerai pas ainsi d'aller finir un jour au bagne...

Au moment où M. de Nancey tressaillait, le corps d'Alice avait vibré tout entier.

— Paul, — demanda-t-elle, — qu'avez-vous?... — Il y a quelque chose de changé en vous depuis ce soir... — Ne me dites pas non... — Je suis sûre! j'ai bien vu... — Au dîner, je vous observais... — Vous étiez triste... — Qu'est-il arrivé? — Qui vous inquiète et qui vous afflige? — N'ai-je pas le droit de tout savoir, et, si vous avez un chagrin, n'ai-je pas le droit de le partager?...

Le comte s'était arrêté.

Il prit les mains de la jeune fille dans les siennes, et après les avoir effleurées de ses lèvres il les appuya contre son cœur, où elle les laissa.

— Paul, vous ne me répondez pas... — murmura la douce enfant.

— Alice, — dit le jeune homme d'une voix tremblante, car il allait jouer une partie d'où l'avenir entier dépendait, et son émotion était grande, — Alice, m'aimez-vous?

— Pourquoi me demandez-vous cela? — Vous savez bien que je vous aime autant qu'on puisse aimer, et plus que tout au monde...

— Avez-vous confiance en moi?

— Comme en Dieu ! — Croire en vous, c'est mon devoir... Est-ce que, si je n'y croyais pas, je serais votre femme dans deux jours ?

— Alice, si je vous demandais de me donner une preuve éclatante de cette confiance, hésiteriez-vous?

— Pas un instant.

— Quelle que soit cette preuve?

— Sans doute. — Vous ne pouvez rien me demander qui soit coupable... et d'ailleurs mon devoir est de vous obéir.

— Alice, j'ai à vous apprendre des choses d'où dépendent mon bonheur... ma vie...

— Vous m'effrayez ! un péril vous menace ?...

— Rassurez-vous. — Le péril existe, c'est vrai, mais vous pouvez le conjurer... — Ma vie, mon bonheur sont dans vos mains...

— Comment?

— Vous le saurez... Vous saurez tout...

— Parlez donc, je vous en supplie. Parlez vite...

— En ce moment, je ne le peux pas. — Votre oncle et sa femme sont dans ce jardin, près de nous... — Ils peuvent nous rejoindre d'une minute à l'autre, et ils ne doivent rien savoir... — Alice, il faut que je vous voie cette nuit...

— Cette nuit... — murmura la jeune fille dont les petites mains étaient toujours captives dans les mains de Paul, — c'est impossible...

— Pourquoi?

— Vous le savez bien... — Comment, la nuit, pourrais-je vous voir?

— Il me semble que c'est facile... — Qui vous empêche de laisser entr'ouverte la porte de votre chambre?...

— Ah ! dit Alice en retirant vivement ses mains avec un geste de pudeur blessée.

— Vous ferez cela, n'est-ce pas, ma bien-aimée? — poursuivit le comte.

— Je ne le ferai pas... — Ce serait mal.

— Mal de recevoir un instant celui qui dans moins de deux jours sera votre mari et pourra ne plus vous quitter? — Qu'est devenue cette confiance absolue, sans bornes, dont vous me parliez tout à l'heure? — Vous ne deviez point hésiter, — disiez-vous. — C'était vrai! — Vous n'hésitez pas, vous refusez!

M. de Nancey parlait très-bas, mais avec amertume.

Alice répondit d'une voix suppliante :

— Paul, je vous en conjure, ne me demandez point cela!... Ma conscience m'avertit que je dois résister...

— Eh bien, soit ! — reprit le jeune homme. — Écoutez votre conscience... — traitez-moi comme un ennemi dont on redoute les mauvais desseins... — refusez de m'entendre, et ne vous en prenez qu'à vous quand le malheur que vous pouviez éloigner de moi m'aura frappé... — Quand il nous aura séparés peut-être...

M. de Nancey fit un mouvement pour s'éloigner. — Alice, tremblante, le retint.

— Mon Dieu... mon Dieu!... — balbutia la pauvre enfant éperdue. — Quelque chose peut nous séparer? — Est-ce réel, cela?... est-ce possible?...

— Quand m'avez-vous entendu mentir?...— Alice, je vous le jure sur mon honneur, je dis la vérité !... Hâtez-vous donc de me répondre... J'entends vos parents qui s'approchent... — M'attendrez-vous cette nuit?

— Paul... cher Paul!...

— M'attendrez-vous?

— Eh bien ! oui...

Ces mots furent prononcés si bas que M. de Nancey les devina plutôt qu'il ne les entendit.

— Lebel-Girard devait me perdre... — se dit-il, — il m'aura sauvé !

En ce moment M. et madame Lafène rejoignaient les deux fiancés qui, de toute la soirée, ne se trouvèrent plus seuls un instant.

*
* *

L'appartement d'Alice était situé au premier étage de la maison, à l'extrémité d'un couloir, immédiatement au-dessous de la chambre aux tapisseries occupée par le comte de Nancey.

Cet appartement, voisin de celui de madame Lafène avec lequel une porte dérobée le mettait en communication, se composait d'une antichambre, d'une chambre à coucher et d'un cabinet de toilette.

A minuit moins un quart on se sépara.

Paul regagna la chambre aux tapisseries, et madame Lafène reconduisit Alice à cet appartement virginal que la jeune fille habitait depuis son enfance, et où, croyait la brave dame, elle ne devait plus passer que deux nuits.

— Chère mignonne, — lui dit-elle en l'embrassant avec une tendresse émue, — dans quelques minutes nous serons à demain, et demain ce sera la veille du grand jour, du jour heureux et triste à la fois où tu cesseras de m'appartenir! — Tu auras un mari... un maître! S'il veut t'emmener, il faudra le suivre... et il le voudra, hélas!... — Moi qui croyais si fermement que nous ne nous séparerions pas de longtemps... de bien longtemps!... — Mais tu seras toujours mon enfant, n'est-ce pas?

— Oh! oui, toujours! toujours! — répondit vivement Alice.

— Et tu feras deux parts de ton cœur? — Tu m'en garderas une? Tu m'aimeras encore?

— Encore et plus que tout... après lui.

— Tu te souviendras que tu as été heureuse ici... heureuse et adorée?... Alice, mon enfant, ma chérie, n'oublie pas, n'oublie jamais!... Vois-tu, si tu nous oubliais, cela nous ferait trop de mal...

La jeune fille enlaça madame Lafène de ses deux bras, appuya son doux visage sur son épaule et pleura pour toute réponse.

M. de Nancey, rentré chez lui, regarda sa montre et s'assit. — Il était trop tôt pour aller au rendez-vous qu'il avait, deux heures auparavant, non point obtenu, mais imposé.

L'aspect des tapisseries qui l'entouraient évoqua nettement dans son esprit, pour la première fois, un souvenir déjà lointain. — Il se rappela cette nuit d'orage au chalet de Ville-d'Avray, et cette chambre presque pareille d'où nous l'avons vu sortir furtivement, comme un voleur, pour s'emparer de Blanche Lizely.

La similitude des deux situations lui parut frappante et l'était en effet.

— Seulement aujourd'hui, — se dit-il, — le dénoûment sera tragique peut-être! Si j'échoue dans ma tentative, si je trouve la porte fermée, il faudra bien en revenir à la première solution et me faire sauter la cervelle... Que de romans, que de drames n'a-t-on pas bâtis sur cette donnée : *l'amour ou la mort!* — Moi, j'en vais faire une réalité.

La boîte de pistolets emportée de Paris se trouvait à portée de sa main.

M. de Nancey en prit un, s'assura qu'il était chargé et le posa sur la petite table à côté de laquelle il était assis.

— Là! — murmura-t-il. — Je le trouverai prêt, s'il le faut, cet ami fidèle, et grâce à lui le passage effrayant qui mène à l'inconnu sera bientôt franchi!

Une heure de matin sonna. — Tout le monde, dans la maison, devait dormir.

Paul quitta sa chambre, descendit l'escalier sans lumière, longea le couloir à tâtons et s'arrêta, avec un violent battement de cœur, devant la porte du logis d'Alice. — Il étendit la main et toucha le panneau. La porte était entre-bâillée.

Il la poussa doucement pour l'ouvrir tout à fait, il en franchit le seuil et la referma derrière lui.

FIN DE LA DEUXIÈME PARTIE.

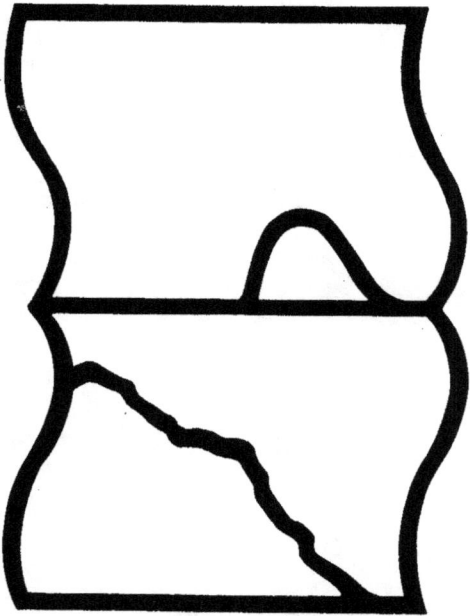

Texte détérioré — reliure défectueuse

NF Z 43-120-11

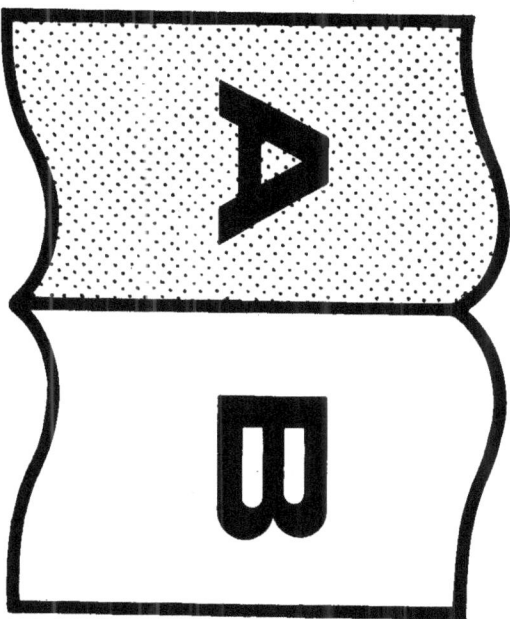

Contraste insuffisant

NF Z 43-120-14

www.ingramcontent.com/pod-product-compliance
Lightning Source LLC
Chambersburg PA
CBHW071950110426
42744CB00030B/733